卓越教师的成长特质

大夏书系・教师专业发展

Zhuoyue
Jiaoshi De
Chengzhang Tezhi

吴再柱 著

华东师范大学出版社
全国百佳图书出版单位
·上海·

图书在版编目（CIP）数据

卓越教师的成长特质 / 吴再柱著. —上海：华东师范大学出版社，2022
ISBN 978-7-5760-2899-7

Ⅰ.①卓… Ⅱ.①吴… Ⅲ.①师资培养—研究 Ⅳ.① G451.2

中国版本图书馆 CIP 数据核字（2022）第 095767 号

大夏书系·教师专业发展

卓越教师的成长特质

著　　者	吴再柱
策划编辑	卢风保
责任编辑	万丽丽
责任校对	杨　坤
封面设计	奇文云海·设计顾问

出版发行	华东师范大学出版社
社　　址	上海市中山北路 3663 号　邮编　200062
网　　址	www.ecnupress.com.cn
电　　话	021-60821666　行政传真　021-62572105
客服电话	021-62865537
邮购电话	021-62869887　　地址　上海市中山北路 3663 号华东师范大学校内先锋路口
网　　店	http://hdsdcbs.tmall.com/

印 刷 者	北京季蜂印刷有限公司
开　　本	700×1000　16 开
插　　页	1
印　　张	15.5
字　　数	238 千字
版　　次	2022 年 8 月第一版
印　　次	2022 年 8 月第一次
印　　数	6 100
书　　号	ISBN 978-7-5760-2899-7
定　　价	59.80 元

出 版 人　王　焰

（如发现本版图书有印订质量问题，请寄回本社市场部调换或电话 021-62865537 联系）

目 录

第一辑 从经师走向人师

003　经师·人师·卓越教师
012　大爱·大智·大写的人
016　鲁迅先生的"儿童三维立场"
022　写在第一个儿童节
025　哪个孩子不是"神兽"
029　家长的"责任清单"
032　有一种"抗体"叫智慧
037　要学会适当"浪费时间"
042　念好"三字经",育好"特别生"
047　发展"能确定",应对"不确定"

第二辑 创意课程勤开发

- 051 在开发课程中开发自我
- 057 从高考"微写作"说起
- 059 没有合格"导师",何来"名著导读"
- 062 走向"整本书阅读"
- 067 教师视角下的名著阅读
- 071 学生视角下的名著阅读
- 075 整本书阅读个性化攻略
- 082 在名著阅读中培植爱国情怀
- 087 在名著阅读中渗透感恩教育
- 090 关于名著阅读"推进课"的建构思考

第三辑 做个研究型教师

- 099 每位教师都可成为"第一线的教研员"
- 104 理顺开放课堂的辩证关系
- 107 我所主张的语文课堂
- 116 生命的课堂与主动地成长
- 119 古诗词与核心素养:最美的遇见
- 122 对"核心素养"的三个追问
- 127 读懂《于漪知行录》,吃透"核心素养"
- 134 以学生角度设计德育方案
- 138 从"小课题"到"大选题"

第四辑　自我突围不设限

149　莫让"贫穷"限制了你的想象力
153　新教师面试"面"什么
159　新教师最希望提升的十种能力
164　中青年教师如何"突围"
168　教师成长要有"三线"战略
172　名师应有的特质
175　通往特级教师之旅
185　别以忙的名义，误了你的梦想

第五辑　持续读写助成长

191　追问：阅读的意义
196　梳理：阅读的主张
203　寻找：阅读的理由
207　如何写好教育随笔
213　如何写好教学案例
219　如何写好读书笔记
226　如何写好总结报告
232　如何写好教育通讯
237　如何写好教研论文

第一辑

从经师走向人师

经师·人师·卓越教师

汉灵帝时期,一个叫郭泰的人,因为博学多才、为人正直,深受人们爱戴。后来成为知名儒家学者的魏昭,在其儿时多次去拜访郭泰,表示愿意做他的随从,帮他打扫庭院。郭泰问魏昭,为何不去读诗书而给他当佣人。魏昭答道:"经师易遇,人师难遭。"从此,郭泰十分欣赏他。

后来,司马光把这个典故写进《资治通鉴》,这样写道:"经师易遇,人师难遭,愿在左右,供给洒扫。"

教育家徐特立先生曾提出:"教师是有两种人格的,一种是经师,一种是'人师'"。通俗地说,"经师"是教学问的,"人师"是教行为的。"我们的教学是要采取人师和经师二者合一的,每个教科学知识的人,他就是一个模范人物,同时也是一个有学问的人。"

徐特立先生用他的一生阐释了人师和经师的二者合一。毛泽东曾这样评价徐特立先生:"你是我二十年前的先生,你现在仍然是我的先生,你将来必定还是我的先生。""你是革命第一,工作第一,他人第一。""所有这些方面我都是佩服你的,愿意继续地学习你的,也愿意全党同志学习你。"

而今,常有人说,"经师易得,人师难求"。其实,做一名优秀的"经师"并不容易,而要做一名优秀的"人师"则更难。若能二者合一,必将成为一名卓越教师。

一、成为一名卓越教师,要讲得政治

个人认为,教师的讲政治,最重要的是要回答好"教育三问":为谁培养人？培养怎样的人？怎样培养人？

《中共中央国务院关于深化教育教学改革全面提高义务教育质量的意见》（2019年6月23日）给出了最权威的答案：

"坚持立德树人，着力培养担当民族复兴大任的时代新人。"

"坚持以习近平新时代中国特色社会主义思想为指导，全面贯彻党的教育方针，落实立德树人根本任务，遵循教育规律，强化教师队伍基础作用，围绕凝聚人心、完善人格、开发人力、培育人才、造福人民的工作目标，发展素质教育，培养德智体美劳全面发展的社会主义建设者和接班人。"

讲政治，就要努力成为一名"有理想信念、有道德情操、有扎实学识、有仁爱之心的'四有'好老师"。（2014年第30个教师节前夕，习近平总书记考察北京师范大学时的重要讲话）

讲政治，就要坚持"三传播""三塑造""六个下功夫"："教师是人类灵魂的工程师，是人类文明的传承者，承载着传播知识、传播思想、传播真理，塑造灵魂、塑造生命、塑造新人的时代重任。""要在坚定理想信念上下功夫""要在厚植爱国主义情怀上下功夫""要在加强品德修养上下功夫""要在增长知识见识上下功夫""要在培养奋斗精神上下功夫""要在增强综合素质上下功夫"。（2018年9月10日，习近平总书记在全国教育大会上的重要讲话）

讲政治，就要努力成为一名优秀的思政课教师："要给学生心灵埋下真善美的种子，引导学生扣好人生第一粒扣子。第一，政治要强，让有信仰的人讲信仰，善于从政治上看问题，在大是大非面前保持政治清醒。第二，情怀要深，保持家国情怀，心里装着国家和民族，在党和人民的伟大实践中关注时代、关注社会、汲取养分、丰富思想。第三，思维要新，学会辩证唯物主义和历史唯物主义，创新课堂教学，给学生深刻的学习体验，引导学生树立正确的理想信念、学会正确的思维方法。第四，视野要广，有知识视野、国际视野、历史视野，通过生动、深入、具体的纵横比较，把一些道理讲明白、讲清楚。第五，自律要严，做到课上课下一致、网上网下一致，自觉弘扬主旋律，积极传递正能量。第六，人格要正，有人格，才有吸引力。"（2019年3月18日，习近平总书记在学校思想政治理论课教师座谈会上的讲话）笔者认为，所有学科教师首先是一名德育工作者，一名兼职思政课教师。

二、成为一名卓越教师,要习得素养

教育部在《关于全面深化课程改革　落实立德树人根本任务的意见》中,明确把核心素养的内涵界定为"学生应具备的适应终身发展和社会发展需要的必备品格和关键能力","突出强调个人修养、社会关爱、家国情怀,更加注重自主发展、合作参与、创新实践"。

2016年9月13日,《中国学生发展核心素养》研究成果发布会在北京师范大学举行。会议指出,中国学生发展核心素养以培养"全面发展的人"为核心,分为文化基础、自主发展、社会参与三个方面,综合表现为人文底蕴、科学精神、学会学习、健康生活、责任担当、实践创新等六大素养,具体细化为国家认同等18个基本要点。各素养之间相互联系、互相补充、相互促进,在不同情境中整体发挥作用。(详见图1-1)从此开启了中国教育核心素养时代。

图1-1　《中国学生发展核心素养》三个方面、六大素养、18个基本要点

之后,各个"学科核心素养"随着高中课程标准修订纷纷出台。具体如表1-1所示。

表 1-1 各个学科的核心素养

学　科	核心素养
语文	语言建构与运用、思维发展与提升、审美鉴赏与创造、文化传承与理解
数学	数学抽象、逻辑推理、数学建模、直观想象、数学运算、数据分析
外语	语言能力、文化意识、思维品质、学习能力
物理	物理观念、科学思维、实验探究、科学态度与责任
化学	宏观辨识与微观探析、变化观念与平衡思想、证据推理与模型认知、科学探究与创新意识、科学精神与社会责任
生物	生命观念、理性思维、科学探究、社会责任
历史	唯物史观、时空观念、史料实证、历史解释、家国情怀
地理	人地协调观、综合思维、区域认知、地理实践力
政治	政治认同、理性精神、法治意识、公共参与
信息技术	信息意识、计算思维、数字化学习与创新、信息社会责任
通用技术	技术意识、工程思维、创新设计、图样表达、物化能力
体育与健康	运动能力、健康行为、体育品德
美术	图像识读、美术表现、审美判断、创意实践、文化理解
音乐	自主音乐需要、实践能力、情感体验、文化理解
艺术	感知能力、审美情趣、创意表达

2022年4月，义务教育课程方案和课程标准（2022年版）颁布，义务教育学科课程核心素养正式敲定，具体内容见表1-2：

表 1-2 新课标各个学科的核心素养

学　科	核心素养
语文	文化自信、语言运用、思维能力、审美创造
数学	会用数学的眼光观察现实世界、会用数学的思维思考现实世界、会用数学的语言表达现实世界
英语	语言能力、文化意识、思维品质、学习能力

续表

学　科	核心素养
日语	语言能力、文化意识、思维品质、学习能力
俄语	语言能力、文化意识、思维品质、学习能力
物理	物理观念、科学思维、科学探究、科学态度与责任
化学	化学观念、科学思维、科学探究与实践、科学态度与责任
生物	生命观念、科学思维、探究实践、态度责任
道德与法治	政治认同、道德修养、法治观念、健全人格、责任意识
历史	唯物史观、时空观念、史料实证、历史解释、家国情怀
地理	人地协调观、综合思维、区域认知、地理实践力
科学	科学观念、科学思维、探究实践、态度责任
信息科技	信息意识、计算思维、数字化学习与创新、信息社会责任
体育与健康	运动能力、健康行为、体育品德
艺术	审美感知、艺术表现、创意实践、文化理解
劳动	劳动观念、劳动能力、劳动习惯和品质、劳动精神

从隶属关系来看，学科核心素养应当隶属于中国学生发展核心素养。或者说，学科核心素养的各个维度都可以归属于中国学生发展核心素养的某个素养。只是说，学科核心素养在某一学科教学中，更有针对性，更便于落实。

习，"从羽，从日，盖谓禽鸟于晴日学飞"，即为反复飞来飞去的意思。习的基本义是练习、学习，又表示反复学习而熟悉。久而久之，便"习以为常""习惯成自然"。

习得素养，即是在反复学习、复习、练习中，获得那些终身受益的好习惯、好品格、好能力等。这意味着，作为教师，首先要从自我开始，习得核心素养，并在教育教学中，将核心素养渗透进课堂，落实到学生的文化学习和言行举止之中。

三、成为一名卓越教师，要站得讲台

成为一名优秀教师的首要条件，是要站得讲台。不能站稳讲台的教师，无论担任学校的什么职务，都称不上"有专业底气"。能站稳讲台的教师，必然能得到学生的喜爱、同行的肯定，他的教学质量也一定是优秀的。

（1）学生喜爱。作为一名教师，要想赢得学生的喜爱，有六个关键词："尊重""公平""坦诚""幽默""才情"和"教艺"。2013年教师节，我过去教过的一名学生从武汉发来一首藏头诗，表达对老师最深的祝福："愿景齐追中国梦，吴头楚尾秋意浓。再立经纶润无声，柱顶乾坤教育梦。老生常谈话古训，师道授业传新风。幸栽桃李芳天下，福被日月誉西东。如风化雨春不老，意盖青山万年松。"这样的祝福，道出了一个学子对老师的喜爱和敬仰，它最能让教师感受到职业所带来的幸福。

（2）同行肯定。得到同行的肯定有许多渠道，其中最能考验教师综合实力的莫过于公开课。在我经历的几所中学里，教研组长和同组教师，他们大多以"引领"为名，每个学期或每个学年的公开课，都让我打头阵。我自然不便推脱，而且每次讲课都有意尝试不同体裁、不同风格的课文：中国文学、外国文学，散文、诗歌，现代文、古典文，阅读教学、作文指导。每次讲完后，同行们都给予我较高的评价。

（3）质量优秀。在当前的教育环境下，尤其是在一些教学质量比较优秀的学校，教师的教学质量尤其受到关注。作为学校领导或名师，如果教学质量落后了，他在学校里说话的底气往往也会大打折扣。从语文学科教学而言，我认为"文本学习""课堂管理"和"习惯催逼"是有效教学的"三驾马车"。也正是在这"三驾马车"的驱使下，我的教学质量总能立于不败之地，甚至名列前茅。

四、成为一名卓越教师，要写得文章

曹文轩先生在不同场合多次说过："能写一手好文章，这是一个人的美德。"对于一位名师、一名学校领导而言，自然是需要这种"美德"的。这种美德意味着专业成长，意味着思想碰撞，意味着经验共享。

（1）写好学科论文。教而不研则浅，研而不教则枯。只有把教学与教研有机结合，才能成为有思想、有风格的教师。作为一名优秀教师，首先应当在自己所教学科这"一亩三分地"里，做好教学研究，写好教研论文，并将教研成果自觉转化为教学行为，这样才可能真正起到示范带头作用。也只有这样，才可能引领更多教师逐步走上教科研之路，进而促进学校持续发展、内涵发展。

（2）写好管理文章。紧跟时代脉搏、紧扣学校实际、着眼发展方向，这样所写成的管理文章，便既有思想性，又接地气。比如本人在《中国教育报》等报刊上发表的一些文章，对于学校发展和校长成长来说，都应当具有一定的借鉴意义。写好管理文章，也让自己在教育改革年代，不迷茫、不激进、不折腾，保持清醒的头脑和坚定的信念。

（3）做好各种演讲。学生集会、教师例会、评课议课，经常需要我们做一些书面的或者口头的演讲。好的演讲，能振奋精神，激发斗志，让人如沐春风；差的演讲，则平铺直叙，言不及义，让人昏昏欲睡。我们必须修炼一流的演讲功夫，力求做到"四有"，即有思想、有针对、有内容、有文采。这种功夫，来源于手不释卷，来源于笔耕不辍，来源于换位思考，来源于精心准备。

五、成为一名卓越教师，要懂得管理

（1）引领思想。"学校领导，首先是教育思想的领导。"在一所中学主管德育期间，我曾制订并组织实施过德育"双六一"计划，包括"思路六个一"和"建设六个一"。比如"思路六个一"，老师们都说很有"思想"——构建一套体系：全员德育、全程德育和全方位德育；突出一条主线：自我完善，主动成长；搭借一个载体：学生日记；坚持一个原则：信任加赏识；每月一个主题：真、善、美，知、和、行，写、读、算，勤、学、问；达成一个目标：人人独善其身，人人相善其群。与此同时，我提出了一个"学生角度"的德育主张，即"学生视角、学生喜欢、学生受益"的德育。这让班主任们做起德育工作来，思路清晰，效果明显。

（2）因势利导。从中国传统文化角度来说，"管理就是合理地疏与堵的思维与行为"。在一所教学质量多年保持优秀的学校主管教学工作期间，我常有诚惶诚恐之感。于是，我把巡课与听课作为自己的常态工作。经常巡课，能够大体了解每名教师的教学风格和各班学生的基本动态；随堂听课，则能更深入地知晓教师的教育教学观念，更具体地发现教育教学、班级管理中存在的问题。几年下来，学校无论是课改推进，还是中考质量，都呈现出持续发展的良好态势。

（3）整合资源。学校的最大资源，是教师的思想资源；学校的有效管理，最根本的办法就是整合教师的思想资源。比如，课改的策略，最终要依靠教师的思想资源来确立。比如某个学期，我们利用两周时间，在七八年级教师中开展"四学"（自学、互学、展学、查学）本真课堂教学大比武活动，由九年级教师担任评委工作，并邀请教研室专家参与听课、评课。教学比武，一方面，有效地调动了教师参与课改的积极性和主动性；另一方面，则让全校教师的思想在这里碰撞，在这里交融，从而使得"四学"本真课堂理念较快地在学校落地生根。

六、成为一名卓越教师，要坐得板凳

"板凳需坐十年冷，文章不写半句空。"在我看来，"坐得冷板凳"既是一种治学精神，也是一种淡泊情怀。这种精神与情怀，在21世纪的今天，在基础教育领域，同样有着它虽不耀眼却很温润的思想光辉。

（1）认识自我。我们应当常常问问自己：我的优点是什么？不足是什么？这种优点和不足，应当包括多个方面，比如：思维方式上，是擅长系统建构还是具体分析；教育观念上，是学生为本还是管理为本；秉性特点上，是热情还是功利，是冷静还是冷淡，是练达还是世故；等等。知所长，便充分发挥，让它努力成为自己的一个亮点，并最终演绎成为学校的一个特色；知不足，则自觉弥补，或是借助其他力量，形成一种人力资源上的优势互补。因而，"吾日三省吾身"是我们永恒的课业。

（2）勉励自我。不是每一棵幼苗都能成材，不是每一个副手都能转正。一个人的成长，一方面需要自我的不懈努力，另一方面则需要机遇的特别青睐。也许你被公认为有思想、有才气、有激情、有阅历，但你也一定有着一些明显的短板，比如所谓的清高，所谓的落伍，所谓的木讷，等等。所以，我们应始终牢记："我可以更优秀！"这不仅仅是一种心理暗示，更应当是一种自主行动，一种时不待我的积极作为，一种坚持不懈的永恒追求。

（3）修炼自我。对于一名教师来说，最好的修炼莫过于读书。我似乎越来越习惯于这样的一种生活轨迹：白天工作，夜晚阅读，周末作文。这种生活方式，虽然清苦，但不痛苦；虽然平淡，但不平庸；虽然简约，但不简单。"天行健，君子以自强不息；地势坤，君子以厚德载物。"活到老，学到老，修炼到老，人生还有什么比这些更有意义呢？

想要成为一名经师、人师、卓越教师，自然不仅仅包含以上这些，或者说，想要把以上这些真正做好，我们还有很长的一段路要走。这也许需要我们用一辈子的时间来参悟，来修炼，修炼一种"胸中日月常新美"的进取与求索，修炼一种"会当水击三千里"的自信与豪迈，修炼一种"乱云飞渡仍从容"的大气与淡定，修炼一种"人间正道是沧桑"的豁达与开明。

大爱·大智·大写的人

人生的乐趣,在于不断地成长。差别只在于成长方向的正与偏,成长速度的快与慢。如何把握成长方向、提高成长速度,这是有思想的教师,尤其是正在成长的班主任们,常常思考的问题。

有人说,喜欢、责任、激情,是"爱"的三要素;但"大爱"还需要爱自己、爱生活、爱职业、爱团队、爱公平。爱,要爱得正确,爱得聪明,所以,我们需要有"大智",比如善学习、善蹲下、善造势、善装傻、善欣赏。身教重于言传,我们只有让自己先成为一个"大写的人",比如有信仰、有思想、有人格、有修为、有力量,这样,我们的学生才可能成为一群"大写的人"。

一、大爱

(1)爱自己。这是一切爱的基础。千万别让自己成为春蚕、蜡烛、老黄牛的代名词。活得阳光,活得快乐,活得滋润,才能符合时代特色。爱自己的身体,不让健康成为班级琐碎事务的牺牲品;爱自己的心情,别让那调皮的学生、落后的考绩影响自己的情绪;爱自己的形象,显性的要仪表大方,隐性的要口碑良好,但不要受其拖累。

(2)爱生活。在学校里,我们是教师,是班主任;但生活中我们是时代公民,是家庭成员,所以我们还必须扮演好其他角色。生活不会永远是快乐,也不会永远是痛苦,但痛苦和快乐同样美丽。唯有保持真诚,保持乐观,积极进取,勤奋工作,我们将来才可能体验到"不知老之将至"的充实和无憾。

(3)爱职业。从职业上来看,我们是教师;从专业上来看,我们是班主任。干一行，爱一行，不是一句动人的广告词，而应当是一种生命的承诺。只有热爱这个职业，热爱这个专业，我们才能体验到教育的奥妙，体验到育人的艰辛，体验到学生成长、成人、成材的幸福。

（4）爱团队。爱我们的学校，校兴我荣，校衰我耻，我们都是学校的代言人；爱我们的班级，班级是我们的土地，这片土地让我们专业成长，让我们思想成熟；爱我们的同事，爱学生的家长，"前世的五百次回眸，才换来今生的擦肩而过"，缘分啊！

（5）爱公平。"吾爱吾师，吾更爱真理"，在教育均衡发展的背景下，公平就是真理。无论是成绩好的还是成绩差的，长得俊的还是长得丑的，身体健康的还是身患残疾的，乖巧听话的还是顽皮不羁的，我们都应当一视同仁，公平对待，因为"公平正义比太阳更有光辉"。但是，不是为了爱而去爱，也不是为了公平而去公平，爱和公平不是手段，而应当是一种自然而然的随心而动。

二、大智

（1）善学习。读书是我们的终生课业，目的明确的读书是活读书，学以致用的读书是读活书。外出学习往往更能开阔眼界，启发思考，而善于给自己创造外出学习机会的人，一定是一个勤奋的人，一个聪明的人。勤于记载，乐于反思，善于"从无字句处读书"的人，便是一个睿智的人，一个豁达的人。

（2）善蹲下。蹲下，不是作秀，不是形象工程，更不是跪着教书，而是一种走进心灵的最佳方式，一种成熟心灵与稚嫩心灵对话的最美姿态。每一个孩子，都有一个生动的故事，都有一个丰富的世界。蹲下身段，我们才能知道在他的眼里，我们是怎样的人；走进心灵，我们才能知道他为什么会说谎，为什么会逃学，为什么会快乐，为什么会勤奋。今天我们向他们蹲下的态度越虔诚，明天他们对我们仰视的时间越长久，这是一种必然。

（3）善造势。有人说，教育是无用的；有人说，成人对孩子的教育，唯一的方式就是创造环境。我们应舍得下功夫，群策群力建好班级文化，让它像磁场一样，将每一个个体与班集体紧紧地"粘"在一起。我们应善于引导舆论，用舆论的力量引导学生形成健全的世界观和积极的人生观，并以此纠正不良喜好，养成良好习惯。我们应敢于开展活动，让新颖、感动、笑容成为活动的主题词，以此发展学生的个性，增强班级凝聚力，因为活动是最深入人心的教育。

（4）善装傻。我们千万不要啥事都去包办，"人人有事做，事事有人做"，我们才轻松；我们一定不要和学生比聪明，许多时候我们应善于和学生们说，"你看怎么办才好""大家说怎么办才好"，这样他们才会觉得自己是班级的主人，而且一定比我们想得更周全；学生犯错了，我们应学会装糊涂，旁敲侧击，点到为止，自我教育才是真正的教育。大智若愚，上善若水，方能道法自然。

（5）善欣赏。"好孩子是夸出来的"，我们千万不要吝惜自己的溢美之词，因为孩子身上都有值得我们欣赏的优点，只是我们常常缺少了欣赏的眼睛和情怀。陶行知先生的"四块糖"，就是一个经典的教育佳话。鼓励务必真诚，鼓励切忌泛滥，正如惩戒务必谨慎，惩戒切忌体罚。体罚看似无奈之举，实则无能之策。给自己做一件有益的事，为班级做一件好事，实在是惩戒教育的艺术。"我真的错了"，是一种最有诚意的愧疚；"我能行"，是一种最高境界的自我欣赏。

三、大写的人

（1）有信仰。朱自清说，教育者须对教育有信仰心，朱自清的信仰是"超乎功利以上"。魏书生说，与其大谈共产主义信念，不如从纯洁的孩子们开始，做一点儿踏踏实实的、塑造人们共产主义人生观的工作。"育人为本、德育为先、能力为重、全面发展"，这是素质教育的核心理念，也应成为我们的共同信仰和终身践行。没有教育信仰的人，一定成不了教育的弄潮儿。

（2）有思想。"人的全部尊严就在于思想。"有思想的班主任，他一定善于塑造班级灵魂，善于描绘班级蓝图；有思想的班主任，他一定会想方设法地让学生"道德自尊、行为自律、学习自主、生活自理"，一定会让学生在学习生活中获得快乐和幸福；有思想的班主任，一定最了解自己的优势，并把这种优势在班级管理中发挥得淋漓尽致。

（3）有人格。作为万物之灵的人，其挺立世间的脊梁，就是人格。人格的魅力，在于求真，在于向善，在于唯美。求真，是一种科学态度，也是一种负责精神；向善，是一种道德价值，也是一种处世方略；唯美，是一种艺术情操，也是一种做事原则。班主任的人格就体现在，"以自己的人格和个性激发学生的热情，同时创造具有更广泛的知识和更坚定的目的的环境"。班主任拥有高尚的人格，班集体才有挺直的脊梁。

（4）有修为。修为，在佛教中指通过修炼之后所达到的境界，即所谓耐得寂寞，经得诱惑，得失无意，宠辱不惊。在这里主要包含三层意思：一是有文化素养，比如言行一致，待人真诚，举止高雅，言语得体等；二是有教育方法，比如善于观察，善于思考，循循善诱，处事得当等；三是有较高情商，比如充满自信，坚韧不拔，情绪稳定，善于沟通等。专业成长的过程，也是人生修为的过程。

（5）有力量。教师（特别是班主任）最重要的素养是什么？有人说，是"力量"，即能让一颗平凡的心灵变得丰满，让学生有"成为伟大"的渴望。有"力量"的教师，能让学生在迷途中找到方向，在平庸中找到理想，在疲倦时咬紧牙关，在奋斗中成就自我。一个班主任的"力量"从何而来？简单地说，就是源于他的教育信仰、教育思想、教育人格和教育修为。

"大爱·大智·大写的人"，似乎是一个难以达成的教育"完人"，但是，我们可以从自我优势出发，由点到面，集腋成裘，不断修炼自我，不断完善自我。即便最终不能抵达那成功的彼岸，但我们一定"不会因为碌碌无为而悔恨，也不会因为虚度年华而羞耻"。

"大爱·大智·大写的人"，乃我终身追求，愿与诸君共勉。

鲁迅先生的"儿童三维立场"

"救救孩子",这是鲁迅先生1918年在《狂人日记》中发出的一声"呐喊"。

此语是该文的点睛之笔。同时,在笔者看来,它也是鲁迅先生一以贯之的"儿童立场"。具体而言,至少包括以下几个方面。

一、空间立场:回归自然

深蓝的天空中挂着一轮金黄的圆月,下面是海边的沙地,都种着一望无际的碧绿的西瓜,其间有一个十一二岁的少年,项银圈,手捏一柄钢叉,向一匹猹尽力地刺去,那猹却将身一扭,反从他的胯下逃走了。(《故乡》,1921)

好一幅令人神往的"月夜刺猹图"。这幅图里,有深蓝的天空,有金黄的圆月,有海边的沙地,有碧绿的西瓜,有勇敢的少年,还有敏捷的动物,可谓色彩斑斓、动静相宜。在这种环境下成长的孩子,虽然有时难免孤独,但他们的身体是强健的,精神是自由的。

事实也是如此,在少年闰土的心里,"有无穷无尽的稀奇的事",而且"都是我往常的朋友所不知道的":既有刺猹,还有捕鸟;既有五色的贝壳,还有青蛙似的两个脚的跳鱼儿——而在"我"以及往常的朋友心里,却只有"院子里高墙上的四角的天空"。

为何如此呢?虽然同是少年,但他们成长的空间存在着很大的差异。大概在鲁迅先生看来,处于长身体、长知识、长精神的年龄,是不应该整天关闭在高墙之下和书斋之中的，而应该尽可能地回归自然，享受自然：在阳光沙滩上玩耍，与清风明月相伴。这样的孩子更有活泼的个性，更能茁壮地成长。

回归自然，在《社戏》一文中体现得更为充分。

两岸的豆麦和河底的水草所发散出来的清香，夹杂在水气中扑面的吹来；月色便朦胧在这水气里。淡黑的起伏的连山，仿佛是踊跃的铁的兽脊似的，都远远的向船尾跑去了，但我却还以为船慢。（《社戏》，1922）

你看，这幅"月夜行船图"在鲁迅先生的笔下同样让人心驰神往。豆麦和水草的清香，月色和水气（汽）的朦胧，无不令人心旷神怡。这难道仅仅是对社戏的渴望吗？"但我却还以为船慢"，显然，为看社戏，心情急切，但作者对当年一路上的自然景色，却似乎是在回味，在欣赏，在陶醉。这便是大自然的魅力所在。

该文末尾说："真的，一直到现在，我实在再没有吃到那夜似的好豆，——也不再看到那夜似的好戏了。"那夜的豆真的好吃吗？其实也就是仅用"盐和柴"煮的豆。那夜的戏真的好看吗？其实看戏的小伙伴们，"不住的吁气，其余的也打起哈欠来"。作者之所以终生难忘，是因为无拘无束的自然空间，满足了他的童心。

鲁迅先生的这种"自然立场"，在《从百草园到三味书屋》一文中同样也表现得尤为明显。

不必说碧绿的菜畦，光滑的石井栏，高大的皂荚树，紫红的桑椹；也不必说鸣蝉在树叶里长吟，肥胖的黄蜂伏在菜花上，轻捷的叫天子（云雀）忽然从草间直窜向云霄里去了。单是周围的短短的泥墙根一带，就有无限趣味……（《从百草园到三味书屋》，1926）

百草园里如此，三味书屋里怎样呢？

三味书屋后面也有一个园，虽然小，但在那里也可以爬上花坛去折蜡梅花，在地上或桂花树上寻蝉蜕。最好的工作是捉了苍蝇喂蚂蚁，静悄悄地没有声音。（《从百草园到三味书屋》，1926）

回归自然，释放天性，乃儿童初心之所在；拥抱自然，享受玩耍，乃儿童快乐之源泉。

二、精神立场：顺乎天性

我那时最爱看的是《花镜》，上面有许多图。他说给我听，曾经有过一部绘图的《山海经》，画着人面的兽，九头的蛇，三脚的鸟，生着翅膀的人，没有头而以两乳当作眼睛的怪物……（《阿长与〈山海经〉》，1926）

这段话描写的是儿童读物。为什么作者特别钟情于《花镜》和《山海经》呢？其实道理非常简单，这两本书图文并茂，富于想象，特别是《山海经》经过"远房的叔祖"一描述，更激发了儿童的天性，"但一坐下，我就记得绘图的《山海经》"。

当阿长告假回家，一句"哥儿，有画儿的'三哼经'，我给你买来了！"此时的"我"，"似乎遇着了一个霹雳，全体都震悚起来"。也因为这件事，原本讨厌的阿长，在"我"心目中的形象一下子高大起来，伟岸起来，"她却有伟大的神力"。

鲁迅先生的这种立场，在许多作品中都有体现，比如《二十四孝图》中，就有这样一段表述：

我们那时有什么可看呢，只要略有图画的本子，就要被塾师，就是当时的"引导青年的前辈"禁止，呵斥，甚而至于打手心。我的小同学因为专读"人之初性本善"读得要枯燥而死了，只好偷偷地翻开第一页，看那题着"文星高照"四个字的恶鬼一般的魁星像，来满足他幼稚的爱美的天性。（《二十四孝图》，1926）

作者写作此文时，已是人到中年，"朝花夕拾"了。然而，即便如此，当看到小学生们欢天喜地地看着一本粗拙的《儿童世界》之类的书时，另想到别国儿童用书的精美，便觉得"中国儿童的可怜"了。但此时，相较于作者童年时代，已经有很大进步，"却不能不以为他幸福"。

不仅如此，儿童还有好动、好玩、喜欢游戏的天性。我们看看下面一段：

先生读书入神的时候，于我们是很相宜的。有几个便用纸糊的盔甲套在指甲上做戏。我是画画儿，用一种叫作"荆川纸"的，蒙在小说的绣像上一个个描下来，像习字时候的影写一样。读的书多起来，画的画也多起来；书没有读成，画的成绩却不少了，最成片段的是《荡寇志》和《西游记》的绣像，都有一大本。(《从百草园到三味书屋》，1926）

这些描摹经历，作者念念不忘；这一本绣像变卖，作者怅然若失。为何如此？因为那里面裹藏了作者的童年记忆和快乐时光。

与之相反，因为当年折断小兄弟的一只风筝，作者几乎忏悔了大半生。在作者看来，自己当初的鲁莽行为，无异于一种"精神的虐杀"。

然而我的惩罚终于轮到了，在我们离别得很久之后，我已经是中年。我不幸偶尔看了一本外国的讲论儿童的书，才知道游戏是儿童最正当的行为，玩具是儿童的天使。于是二十年来毫不忆及的幼小时候对于精神的虐杀的这一幕，忽地在眼前展开，而我的心也仿佛同时变了铅块，很重很重的堕下去了。(《风筝》，1925）

三、人权立场：尊重生命

尊重生命，对于 21 世纪的人们而言，是一种普遍共识。然而，20 世纪初期，想要批判当时"国民的劣根性"，既需要兼爱的情怀，更需要非凡的勇气。

这里，我们稍稍宕开一些，先以鲁迅先生批判"表彰节烈"为例，来体察他对生命的尊重和呵护。

何为"表彰节烈"呢？

总而言之：女子死了丈夫，便守着，或者死掉；遇了强暴，便死掉；将这类人物，称赞一通，世道人心便好，中国便得救了。(《我之节烈观》，1918）

说得通俗一些，所谓的"节烈"，便是宁要节操，不要生命。"表彰节烈"，在鲁迅先生的眼里，是"康有为借重皇帝的虚名，灵学家全靠着鬼话"而推行的一种既难又苦还不愿意的不正之风；节烈的女人，乃是"不幸上了历史和数目的无意识的圈套，做了无主名的牺牲"。

在鲁迅先生看来，追悼节烈的女人，目的在于"要除去虚伪的脸谱。要除去世上害己害人的昏迷和强暴"，在于"除去于人生毫无意义的苦痛。要除去制造并赏玩别人苦痛的昏迷和强暴"，在于"要人类都受正当的幸福"。但是，如果一个女人"节烈"了，连生命都没有了，又哪来幸福可言呢？

再回到儿童。这里以"孝道"为例。"孝"本是儒家伦理思想的核心，是中华民族的传统美德。然而，因为"二十四孝图"，孝道变得非常危险。

比如"卧冰求鲤"，在鲁迅先生看来，有性命之虞：

我乡的天气是温和的，严冬中，水面也只结一层薄冰，即使孩子的重量怎样小，躺上去，也一定哗喇一声，冰破落水，鲤鱼还不及游过来。（《二十四孝图》，1926）

再比如"郭巨埋儿"，作者不但自己不想做孝子，并且怕他父亲去做孝子：

家景正在坏下去，常听到父母愁柴米；祖母又老了，倘使我的父亲竟学了郭巨，那么，该埋的不正是我么？（《二十四孝图》，1926）

显然，作者要批驳的是这种荒唐的孝，以牺牲儿童生命健康的孝。显然，牺牲一个人的生命健康，便是剥夺人权中最核心的权利了。

那么，鲁迅先生又是如何尊重儿童的生命的呢？

我现在心以为然的道理，极其简单。便是依据生物界的现象，一，要保存生命；二，要延续这生命；三，要发展这生命（就是进化）。生物都这样做，父亲也就是这样做。（《我们现在怎样做父亲》，1919）

保存生命，延续生命，发展生命，这是鲁迅先生关于生命的三个关键词。而其核心是一个"爱"字："所以觉醒的人，此后应将这天性的爱，更加扩张，更加醇化；用无我的爱，自己牺牲于后起新人。"

如何去"爱"呢？鲁迅先生认为主要有三点。

一是理解。因为"孩子的世界，与成人截然不同；倘不先行理解，一味蛮做，便大碍于孩子的发达"，所以"一切设施，都应该以孩子为本位"。

二是指导。"长者须是指导者协商者，却不该是命令者。不但不该责幼者供奉自己；而且还须用全副精神，专为他们自己，养成他们有耐劳作的体力，纯洁高尚的道德，广博自由能容纳新潮流的精神，也就是能在世界新潮流中游泳，不被淹没的力量。"

三是解放。子女是"即我非我"的人，"因为即我，所以更应该尽教育的义务，交给他们自立的能力；因为非我，所以也应同时解放，全部为他们自己所有，成一个独立的人"。

总而言之，父母对于子女，应该是这样地保存生命、延续生命、发展生命的，即"健全的产生，尽力的教育，完全的解放"。

四、救救孩子：动态平衡

"救救孩子"，大概就是努力地回归自然、顺乎天性、尊重生命吧。

在当下看来，我们也许觉得比较寻常。然而，实际操作起来，也许并不容易，因为在"驯良"与"解放"之间难以找到一个动态平衡点。

鲁迅先生曾写下这样一段话，姑且留待我们品味和反思——

但中国一般的趋势，却只在向驯良之类——"静"的一方面发展，低眉顺眼，唯唯诺诺，才算一个好孩子，名之曰"有趣"。活泼，健康，顽强，挺胸仰面……凡是属于"动"的，那就未免有人摇头了，甚至于称之为"洋气"。又因为多年受着侵略，就和这"洋气"为仇；更进一步，则故意和这"洋气"反一调：他们活动，我偏静坐；他们讲科学，我偏扶乩；他们穿短衣，我偏着长衫；他们重卫生，我偏吃苍蝇；他们壮健，我偏生病……（《从孩子的照相说起》，1934）

写在第一个儿童节

对于"小寻常"而言，2020年的6月1日，是他的第一个儿童节。他距离满四个月还差两天。尽管他目前并不知晓这个节日的意义。

但此时此刻，也许是职业习惯，我不由自主地对于儿童的生命成长有一番思考。

无论是父母对于子女，还是祖辈对于孙辈，大人对于孩子的期待与祝愿，大体包括以下几个层级。

第一层级：正常与健康

在孩子尚未出生前，大人们大概都有一个期待，那就是，新生的婴儿在五官、体型、内脏、心智等方面都是正常的。满足这个要求，他便是一个健康的婴儿。这是一个底线思维，也是一个最高水准（除非你在孩子性别方面有特别期待）。

"健康"的愿望，将贯穿孩子终身，这是大人对孩子一生的祝福。拿当下观点看，健康包括身体健康、心理健康、交往健康等。

正常与健康，这是生命成长的基石。一个婴儿是正常的、健康的，父母及祖辈都应感到欣慰和满足。

第二层级：平安与顺利

从孩子蹒跚学步开始，大人们都希望孩子出入平安、顺利成长。

无论是行走还是乘车，是居家还是外出，是求学还是工作，大人们总希望孩子能够一生平安。

无论是待人接物、交友交往，还是升学谋职、婚姻家庭，大人们都希望孩子能顺顺利利、称心如意。尽管大家都知道，适当的曲折与坎坷有利于孩子的成长，但始终都希望孩子万事顺达。

这些都是非常朴素的想法。

第三层级：成人与成材

每一个大人，都希望自己的孩子能成为有用之材。

但一些父母，往往有失偏颇，在成绩、成长、成功、成人、成材等方面，不能正确处理好它们之间的关系；一些家长，误以为孩子有了好成绩，便一切都好，结果导致一些孩子自私自利、唯我独尊。

一个孩子，只要他"三观正确""四维并进"，大多都能顺利成长，成人成材。

"三观正确"，即人生观、世界观、价值观，是积极的、健康的，符合主流意识形态。

"四维并进"，即在文学、科学、艺术、运动等方面，都有一定的爱好。热爱文学者，他的人文素养不会差；热爱科学者，他的思维能力不会差；热爱艺术者，他的审美情趣不会差；热爱运动者，他的身体素质不会差。

想让一个人成为全才，自然有些苛刻，但一专多能是可以做到的。比如，在艺术和运动方面，可以分别选取一两样，作为终身的爱好。这不为成名成家，只为有点儿特长。因为爱好某种艺术、某种运动，除了在该方面能有所发展外，更多的是为调节身心、宣泄情绪。

第四层级：快乐与幸福

快乐的童年，能正面影响一个人的性格。反之，亦然。正所谓，幸运的人用童年治愈一生，不幸的人用一生治愈童年。

一个孩子的童年是否快乐，关键在于家庭如何。幸福的家庭，和顺的父母，孩子大多充满阳光，积极向上。这与经济条件有关联，但不一定成正比。

追求幸福，是人生的一个永恒主题。除了"三观正确""四维并进"之外，应当还有一个因素：中庸之道。

不偏者，谓之中；平常者，谓之庸。中庸者，中和也。"喜怒哀乐之未发谓之中，发而皆中节谓之和。中也者，天下之大本也；和也者，天下之大道也。"中庸之道，简单地说，就是善于调节，不走极端。

以上四个层级，相互渗透，相互影响，或者二三四之间还可调换。但这几个关键词，乃是我对"小寻常"以及天下所有孩子的终身祝福。

最后，说一声：节日快乐，童年幸福！

哪个孩子不是"神兽"

自一些省市宣布延迟开学后（2020年），网上就飙出许多"神话"。

其中有指向家长的，比如："延迟开学，最大的悲伤就是'神兽'全砸在家长手里了！"

有指向孩子的，比如："学霸在屋顶蹭网上课，学渣在被窝假装打卡。"

有指向教师的，比如："停课不停学，老师成主播。"

诸如此类的"神话"，其中心思想也就两个字：焦虑。

焦虑，既是一种社会病，也是一种教育病。

因推迟开学，宅家无事，便正好追剧。《少年派》，我用了两天时间陆续追完了下半部分。一边追剧，一边联想到周围一些孩子的成长历程，内心不时汹涌澎湃。

"神兽"1：林妙妙。一个"吃货"，一个"没心没肺"的女孩。大大咧咧，阳光活泼；重文轻理，颇有主见。中考时，因超常发挥进入了重点高中。进入高中后结识了很多好友，比如钱三一、江天昊、邓小琪等，他们还一起成了校园广播站的主播。父母为她而租房陪读，也差点儿因为教育观念不一致而离婚。后来，妈妈怀上了二孩，这又让她一下子觉得自己大为失宠。最让人不省心的，是在高三上学期她竟然瞒着父母，晚间开"直播"，弄得夜里熬半夜，白天睡大觉，学习成绩直线下跌；并差点儿放弃高考，甚至一气之下，跑上了楼顶……

"神兽"2：江天昊。一个运动型的阳光男孩。身材健壮，人缘很好。其父是一位大集团的老板。江天昊一出场就吸引了周围人的目光，有车和保镖，这的确是与众不同。但没想到的是，之后家里突遭变故，父亲破产，由原来的

"富翁"一下子变成了"负翁",家里负债达亿元之多。他亲眼看到债主来家讨债和羞辱全家。为分担经济压力,江天昊便和林妙妙、钱三一、邓小琪等人开起了网店。也正是因为开网店,弄得他无心读书。他上课用手机接单,并屡教不改,老师一怒之下,把手机扔出窗外。江天昊情急之下竟然随着手机跳出窗外,幸好被网兜住,受了点儿小伤。

"神兽"3:邓小琪。一个文艺女孩。爱耍小脾气,性格孤傲,自命不凡。江天昊暗恋她,她暗恋钱三一,钱三一暗恋林妙妙。这样的情感纠缠,常常让邓小琪耍起小脾气。让她最受打击的是,忽然有一天全校学生都在议论着她的身世:不知爸爸是谁,因为妈妈是这个城市的一朵交际花。幸亏有这些小伙伴,也幸亏林妙妙爸妈等人的思想工作,她才有了抬头望天、低头看路、平视看人的勇气。

"神兽"4:钱三一。超级学霸。一个典型的理工男。作为中考状元被精英中学挖来做门面。生于书香门第,家庭环境较为优越。但也是家庭原因,他非常羡慕林妙妙。钱爸爸家外有家,与电视台的一位主持人同居了十多年。钱三一和妈妈一起住在林妙妙家所租房子的楼上。妈妈对他爱护有加,每晚为他煮上一碗营养汤,可是,他总是偷偷地把汤淋到窗户的外墙。在准后妈的逼迫之下,也在钱三一的认可之下,爸爸妈妈离婚了;之后,他又发现妈妈竟然和他原来一直称作哥哥的人关系尤为亲昵。父母的情感波澜,也一直让这位学霸颇为不平静。

这便是《少年派》剧中的四位典型"神兽"。家庭的纠纷,高考的压力,少年的情怀,让这些本应无忧无虑、阳光活泼的少男少女们,时不时就给父母、给老师制造一些惊吓甚至惊恐。好在最后他们都在父母的引导、老师的教导、伙伴的开导下,顺利完成了高考,取得了理想的成绩。

然而,这毕竟是影视剧,毕竟是文艺作品,所有的艺术,都是源于生活而高于生活。现实生活中,每一个孩子也都有他的个性,每一个孩子也都不是省油的灯。让自己虐心,让父母担心,让老师揪心,让同学忧心,这样的事例比比皆是。

下面,笔者不从其他媒体中去复制,而从身边的孩子身上去发现。但这里事先声明一点,为了保持文章前后的和谐统一,下面继续以"神兽"来称呼

（绝对没有贬义色彩）。

"神兽"5：许某男。七八年级时，他在学校基本稳拿第一。虽然学校规模不大，但同年级200多名学生中的长期"领头羊"也不是好当的。然而，随着八年级下学期参加县一中理科实验班选拔考试失利之后，他到了九年级便逐渐失去了领先优势。再之后，常常逃课，几乎就要辍学。原来，父母长期在外打工，他跟爷爷在一起。据爷爷说，自从看了一次黄色录像后，许某男便不可自拔。后来，爸爸将他带到省城，看了心理医生，并让妈妈长期陪伴，许同学总算基本稳定了，但学习劲头儿始终不足。

"神兽"6：李某女。高挑的身材，清秀的脸蛋，灵巧的嘴巴，不错的成绩。然而，九年级时的某一天，教室里不见她的人影。班主任到处寻找，后来在寝室里发现了她。她一个人待在寝室里。班主任做了一些工作，但两三天之后，她又不来上学了。班主任与她父母联系，父母与她爷爷奶奶"交涉"，爷爷奶奶反复劝导，她总算来学校了。但上课不听讲，不做作业，问话不作声。到底什么原因造成的呢？就老师观察，大概是学习有压力，因为她文科成绩一直不错，但到了九年级，理科成绩便时好时坏。因为闹情绪，不学习，她的文科成绩也逐渐地"泯然于众人"了。

"神兽"7：章某男。爸爸在外地打工，妈妈在学校当教师。初中毕业，他顺利地考取了县一中，而且分数还较高。但进入高一不久，他与老师闹了别扭，此后便开始逃学，甚至要退学。父母没办法，只有跟学校协调，并帮他转到另一所普通高中就读，同时休学一年。章同学虽然不爱说话，但性格还算阳光。父母以他为荣，但谁都想不到，上了高中他会有这么一出。

"神兽"8：余某男。曾经是一个典型的乖乖儿。小学到初中，一直无须父母操心。读八年级时，因成绩优异，便提前进入县一中理科实验班。然而，谁能想到，到了高二，受到老师的一次批评后，他便开始逃学，在家里闷着头只顾上网。家长、老师、校长，纷纷给他做工作，但无济于事。再之后，他干脆不上学了。父母想了种种办法，比如让他的同学来劝解，陪他一起去看心理医生，送他到工地去锻炼。其他方面，他都言听计从，但唯独就是不上学，说是在家自学参加高考。其结果可想而知。

"神兽"9：王某男。一个超级学霸，一个爱玩小子。读初中时，打台球、玩游戏、看录像，常常少不了他。这种玩心大的孩子，一不小心也会荒废学业。好在他有一个老师爸爸，而且是一个长期盯梢、动辄动武的老师爸爸。在爸爸十分严苛的管理之下，这位学霸终于考入黄冈高中；三年之后，考入了北大，再之后留学美国。这位学霸说，如果不是爸爸这么严格，这么严厉，估计自己也废了。

无论是多么乖顺的乖乖儿，或是乖乖女，大多是平静的外表下，藏着一颗驿动的心。哪个少女不怀春？哪个少男不钟情？哪个孩子不贪玩？哪个"神兽"不捣蛋？即便是那些在学习方面本来有良好习惯、扎实基础的孩子，看起来非常听话的孩子，其实也仍然需要家长的格外留心。

那些父母不和睦的家庭，父母不能做好表率的家庭，父母长期在外打工而对孩子不太关心的家庭，父母与孩子产生隔阂、走不进孩子内心的家庭，稍不留心，孩子便误入歧途，一发而不可收。

没有一个孩子是一乖到底的。每一个孩子的成长都惊心动魄。只是，大多父母只看到"别人家孩子"光鲜的成绩，而不知一路走来，"别人家父母"的艰辛付出和良苦用心而已。

如有兴趣，大家不妨也来看看《少年派》，或是与之类似的、有关青春成长的影视剧吧。

每一个孩子都是一个世界，每一匹"神兽"都有一片天空。我们可以照此类推，但不可对号入座，更不可照样画葫芦。

愿每一位少年都茁壮成长，品学兼优；

愿每一个家庭都和谐美满，心想事成。

家长的"责任清单"

作为家长——你的思想境界，将影响孩子的成长眼界；你的培养导向，将指引孩子的发展方向；你的投入程度，将打磨孩子的精彩光度；你的综合素养，将发展孩子的基本教养。

作为家长——每一天，你蜗居在家的一举一动，孩子都看在眼里；每一次，你服务社区的一言一行，孩子都听在耳里；每一回，你对待他人的一笑一颦，孩子都记在心里。

作为家长——你是孩子的活教材：你今天的生活态度，也许就是他明天的处世风格；孩子未来的样子，必然会刻上你的言行烙印。

作为家长——孩子居家，你在身旁，你就是孩子的"第一责任人"。无法推脱，无须谦让，你必须为孩子的生命成长全面负责。

责任1：健康。文明其言行，野蛮其体魄。尺水能兴波，斗室可健身。书房能做操，客厅可小跑。作息有规律，营养要均衡。环境保整洁，身体讲卫生。父子常交流，母女多陪伴。身体与心理，二者需兼顾。家庭氛围好，健康有保障。作为家长，你若能保持乐观，你若能戒烟限酒，你若能按时作息，你若能坚持健身，孩子也必将有样学样，与你随行。

责任2：习惯。少成若天性，习惯成自然。教育无他，习惯为要。习惯百十种，三样最要紧。一是诚实的习惯：对人不说谎，对己谎不说；一是一，二是二，有一说一，有二说二；做与没做，好与不好，如实告知；知之为知之，不知为不知，是知也。二是自律的习惯：凡成大事者，必是自律人；最大的对手，莫过于自己；最大的敌人，莫过于惰性；最大的风险，莫过于自作聪明；最大的悲哀，莫过于不被信任。三是认真的习惯：浅尝辄止，成事不足；

敷衍了事，败事有余；凡事最怕的就是"认真"二字，你若认真，一往无前。作为家长，如果你不能做到诚实、自律、认真，孩子大概率就会说谎、放纵、马虎。

责任 3：梦想。生活不止眼前的苟且，还有诗和远方；读书不光为当下的分数与位次，还要有博大的情怀与远大的梦想。达则兼济天下，如钟南山、李兰娟；常则独善其身，如快递小哥、保洁阿姨。"战疫"是最好的教材，它能让孩子一夜长大，看清世界；梦想是最好的教法，它能让孩子仰望星空，看到灯塔。你的孩子，也是国家的孩子；少年智则国智，少年强则国强。家国情怀，危难之中显身手；同舟共济，风雨过后见彩虹。作为家长，你若博大，孩子便不会苟且。

责任 4：学业。孩子的学业，要么是家长的骄傲，要么是家长的心病。孩子若有健康身心、良好习惯和远大梦想，学业也就不成问题。学贵主动：主动预习，主动整理，主动质疑，主动纠错，学业成绩一定优秀。学贵有恒：贵有恒，何必三更起五更眠；最无益，只怕一日曝十日寒。学贵用心：发愤忘食，乐以忘忧；心无旁骛，宁静致远；铁杵成针，水滴石穿。作为家长，你也许无法指导孩子的功课，但你可以观察其学习状态和学习态度。

责任 5：阅读。一个国家的文化软实力，最根本的取决于其核心价值观的生命力、凝聚力、感召力。一个人的心灵成长史，取决于他的阅读史。中小学时代是一个人人生观、价值观、世界观形成的关键节点。阅读中外名著，可以让他联结古今，对话圣贤；可以让他三观端正，学贯中西。"读屏"以休闲，"读书"以完善。真正的阅读，还是心无旁骛地捧读纸质书。女人因读书而年轻，男人因读书而大气，孩子因读书而聪慧，家庭因读书而书香四溢。培养孩子的阅读习惯，必须从家长的"真阅读"抓起。

责任 6：艺术。科学与艺术，犹如一枚硬币的正反面。科学求真，艺术尚美。数理化，发展科学思维；体音美，培养艺术细胞。艺术，既可阳春白雪，亦可下里巴人。学一套健美操，有益身心；画几幅简笔画，记录生活；唱几首流行歌曲，活跃气氛；看几部影片，消除代沟。科学偏向阳刚，艺术侧重柔美；科学培养智商，艺术发展情商；科学培养洞察力，艺术发展想象力。刚柔相济，动静结合，就地取材，何乐不为？

德智体美劳，仁义礼智信。身教重言传，润物细无声。作为家长，你是孩子的"第一责任人"，也是"完全责任人"。但负责并非替代，教育重在化育。正所谓，上善若水，大爱无声。

作为家长——你的高度，将托起孩子的高度；你的格局，将扩充孩子的格局；你的努力，将让孩子更加努力。

有一种"抗体"叫智慧

我们的身体需要许多特定的疫苗和抗体,更需要一种通用的疫苗和强大的抗体,那就是自身健康的体魄和坚强的意志。同样的道理,我们的学习、工作、生活中也需要疫苗和抗体,那便是智慧。

拥有生活智慧的人,才能过上智慧的生活。为此,我们需要——

一、一把晴雨伞:生活常识

有记者采访一位诺贝尔奖获得者:"您在哪所大学、哪个实验室学到了您认为最重要的东西?"

那位诺贝尔奖获得者回答道:"在幼儿园。我在幼儿园里学到了一生中最重要的东西:把自己的东西分一半给小伙伴,不是自己的东西不拿;东西要放整齐;吃饭要洗手;做错了事情要道歉;学习要多思考;要仔细观察大自然……从根本上说,我学到的东西就是这些。"

这些都是常识,终生受用的常识。它还包括:早睡早起,身体健康;听锣听声,听话听音;出门看天色,进门看脸色;吃得苦中苦,方为人上人;己所不欲,勿施于人;偏信则暗,兼听则明;尊重他人就是尊重自己;人与自然和谐共处;等等。

生活常识,是一个人健康、学习、交往、创业等方面的晴雨伞,它能为我们遮挡烈日、遮风避雨。

拥有生活常识的人,他往往能够高瞻远瞩,见微知著;能够未卜先知,得心应手;能够左右逢源,进退自如;能够快乐于人,幸福于己。

但是，生活中也有一些有文凭而无文化、有知识而无常识的人。这是非常遗憾的。希望我们不要成为这样的人。

二、一颗定盘星：理想信念

要想过上理想的生活，首先要有生活理想。以本人生活经历为例，十多年前，我想在报刊上发表文章，通过努力写文章，不久就发表了；后来想出版自己的专著，通过积累，果真也出版了；再之后想成为一名特级教师，而今这个梦想也实现了。这都是一步一个脚印、一步一个台阶攀登上来的。

"梦想还是要有的，万一哪天就实现了呢？"有了梦想，生活不再迷茫；有了梦想，心里充满阳光。

除了梦想，我们还要有信念。我们要坚信乌云遮不住太阳，要坚信困难只是暂时的，要坚信付出总会有回报，要坚信奋斗可以创造幸福生活，要坚信"好人总会有好报"，要坚信善良和爱能融化心头的坚冰，要坚信祖国越来越强大，要坚信自己能为祖国的建设贡献出青春和力量……

有了理想信念这颗定盘星，我们一定能够克服困难，披荆斩棘，最终实现自己的奋斗目标。

三、一台保鲜柜：学习能力

"问渠那得清如许？为有源头活水来。"

要想自己的思想保鲜，除了学习，还是学习，学习对于我们而言尤为重要。这里重点说说学习能力。

什么是学习能力呢？就是学习方法和技巧。

学习上有没有不劳而获、投机取巧的方法和技巧呢？我看没有。

所有的方法和技巧，都是建立在"坚志苦心"基础之上的。正所谓："有志者事竟成，破釜沉舟，百二秦关终属楚；苦心人天不负，卧薪尝胆，三千越甲可吞吴。"

此外，就是博览群书、乐于自学、勤于思考、善于发现问题等。

真正的教育是自我教育，真正的学习是自我学习。

可以说，这个世界上所有的佼佼者、大师，其渊博的知识、卓越的才识，绝大多数都是靠自学得来的。

阅读能力是其他一切学习能力之母。因为书籍是人类智慧的结晶，是古今中外的思想家、学者们的心血凝结而成的。

四、一副检测仪：反思习惯

疫情爆发以来，各种媒体每天都在更新全国各地"新增确诊病例""新增疑似病例""新增治愈病例"等数据。这些数据是怎么得来的呢？最重要的是检测。

对于我们而言，同样也需要经常性地检查自己的身体、学业、品行等方面的情况。这里引用两位智者的话语，作为自我检查的标准和方法。

曾子的"三省吾身"——"吾日三省吾身：为人谋而不忠乎？与朋友交而不信乎？传不习乎？"

陶行知的"每日四问"——"第一问：我的身体有没有进步？第二问：我的学问有没有进步？第三问：我的工作有没有进步？第四问：我的道德有没有进步？"

相形之下，陶行知的"每日四问"可能更适合我们。我们可以给自己画一张表格，每日四问，做得好的就打个√，做得一般的就打个○，做得太差的就打个×。如此这般，每日如是，坚持数月，必有好处。

五、一块压舱石：生存本领

在弱肉强食的草原，羚羊几乎没有任何的防御能力。为了生存，羚羊练就了两种本领：一是非常灵敏的嗅觉，它可以嗅出危险的来临，常常与猛兽保持四五十米的安全距离；二是有着难以想象的拐弯跑能力。当一头猎豹追逐一头羚羊时，猎豹的速度比羚羊要快出20~30公里/每小时，要摆脱猎豹的追赶，羚羊最拿手的本领是"之"字形的拐弯跑，借此来拖垮或摆脱猎豹的紧追。

弱肉强食，适者生存，这便是大自然的"丛林法则"。人类社会虽然不至于那样残酷，但其竞争态势丝毫不弱于丛林。

羚羊嗅觉灵敏，这便是感知环境的能力非常强；拐弯跑，这便是它的独到之处，也是核心竞争力。

这也就给我们一种启示，在社会中生存和发展，我们要具备核心竞争力，当然，还包括耐力、毅力、吃苦耐劳的精神、愈挫愈勇的斗志、不达目的誓不罢休的奋斗精神。

有了这块压舱石，我们这只小船就不至于随波逐流，说翻就翻了。

当然，对于中小学生而言，目前最重要的还是学习。说得全面一些，那就是德智体美劳全面发展。

但是，学生们也应当早着手、早准备，培养自己的兴趣和特长，发展自己的"核心竞争力"。

六、一架助推器：良师益友

千金易得，良师难求。真正的良师，既能点拨学问，还能点化人生。

这种良师，不仅指学校老师，还包括父母或其他人。你看，在作家贾平凹的眼里，一个三岁的小孩却是他最好的老师，因为这小孩，"视一切都有生命，加以怜悯、爱惜和尊重"；"不顾个人安危，敢于挺身而出，显得十分神勇"；"无视权威，不瞧脸色，不转弯抹角，说话直奔事物的根本，没有丝毫的虚伪和做作，大大方方，自自然然"。

可见，不仅仅"三人行必有我师"，只要做生活的有心人，良师处处皆有。良师不仅仅是人，还包括书籍，包括大自然。

孔子曰："益者三友，损者三友。友直，友谅，友多闻，益矣。友便辟，友善柔，友便佞，损矣。"

意思是说，有益的朋友有三种：正直的人，诚信的人，知识广博的人。与三种人交朋友是有益的。有害的朋友也有三种：谄媚逢迎的人，表面奉承而背后诽谤人的人，善于花言巧语的人。与这些人交朋友是有害的。

在这个网络时代，一些小朋友喜欢网上交友，常常生发出诸多烦心事。请切记:"网络有风险,交友需谨慎。"

即便在现实生活中,交朋结友同样需要有一双"慧眼",能分辨对方是益友还是损友。

有句话说得好,看一个人的素质如何,只要看他经常和谁在一起。与益友在一起,能催人奋进,积极向上;与损友在一起,则颓唐心智,不思进取。

愿我们多遇良师,多结益友,让良师益友成为我们生命成长的助推器。

最后,送给小伙伴们几句话:

有一种"疫苗"叫经历,有一种"抗体"叫智慧。

愿你拥有最灵验的"疫苗",愿你拥有最强大的"抗体"。

愿你百毒不侵,一生平安;愿你逐光而行,行而致远。

要学会适当"浪费时间"

看到这个标题,你是不是认为写错了,或认为这是在故弄玄虚?

告诉你,这还真不是。相反,在我看来,不懂得浪费时间的人,就无法学会利用时间;尤其是在那个超长的寒假里(指2020年寒假),如果没学会适当"浪费时间",那你就真的在虚度年华,甚至是荒废生命。

今日"静坐听雨",明天"无问西东"。先来看"静坐听雨"。它出自电影《无问西东》。1937年,"七七事变"爆发,日寇全面侵华,为"不绝国家弦诵之音",清华、北大、南开三大名校南迁昆明,组建了国立西南联合大学。其时,物质条件很差,教室都是茅屋铁皮顶。一次上课时,外面突然下起了瓢泼大雨,又大又紧的雨点敲打着铁皮屋顶,叮叮当当之声不绝于耳。

这种情况下,老师们通常有两种选择:一种是继续讲课,但需要大声地喊;一种是让学生自习,看看书,或做做作业。然而,正在上课的这位教授却选择了第三条路:什么话也没说,只用粉笔在黑板上写下四个字——"静坐听雨"。于是同学们开始去却烦躁,静心赏雨。这位教授的原型便是清华经济系陈岱孙教授。

在那样一个金戈铁马的年代,在那样一个不知何去何从的年代,陈教授竟让大家静坐听雨,这不是在浪费宝贵的课堂时间吗?这还真是的,至少这节课的后半部分已经浪费了。然而,这样的浪费非常值得。因为这样的浪费,可以让学生有从容的心境,所谓"泰山崩于前而色不变,麋鹿兴于左而目不瞬";这样的浪费,可以让学生这会儿"风声雨声读书声,声声入耳",更多时"家事国事天下事,事事关心";这样的浪费,可以让学生今日"静坐听雨",明天"无问西东"。

下面讲到正题，同学们最该在哪些方面"浪费时间"呢？

浪费点儿时间，关注"逆行者"。那是一个特别的寒假。武汉告急！湖北告急！中国告急！关键时刻，许多沧海横流、直面病毒的"逆行者"出现了，他们"明知山有虎，偏向虎山行"！这些"逆行者"中，不光有有口皆碑的钟南山、李兰娟等院士，还有身患重病、不下火线的金银潭医院院长张定宇，因抗疫而牺牲的李文亮；更有无数不惧艰险、废寝忘食的医务工作者，不畏劳苦、夜以继日的公务人员、社区工作者等。鲁迅先生曾说："我们自古以来，就有埋头苦干的人，有拼命硬干的人，有为民请命的人，有舍身求法的人……他们是民族的脊梁。"这些逆行者，这些大勇士，他们就是中华民族的脊梁，永远值得我们学习和崇敬！同时，这次抗疫，也应该引起我们反思：平日里，我们在"追星"，我们在"做梦"，到底值不值得？"挽江山于既倒，救万民于水火"，这样的科学家、医务人员，才是我们应该追的星、应该做的梦！

浪费点儿时间，做一些科普。作为学生，我们可能会比较关注疫情现象，比如每天通报的各类数据，以及各地所采取的防控措施。然而，我们更应关注疫情产生的根源，以及相关的病理。作为新时代的年轻人，我们不光需要科学知识，还需要科学素养。也就是，除了科学知识以外，我们还应当了解一些科学的研究过程和方法，了解一些科学技术对社会和个人所产生的影响。具有科学素养的人，他一定知道偏听则暗、兼听则明，他一定具有怀疑的精神、探究的勇气，他一定擅长纵横比较、综合分析，他一定懂得见微知著、防微杜渐，他一定明晰相生相克、共生共存……但愿新时代的我们，都具有一定的科学素养。

浪费点儿时间，和自己对话。超长寒假里，我们最多的时候是在独处。这也就让我们有了更多和自己对话的时间与空间。《论语》有云："吾日三省吾身：为人谋而不忠乎？与朋友交而不信乎？传不习乎？"陶行知先生曾提出"每日四问"："第一问：我的身体有没有进步？第二问：我的学问有没有进步？第三问：我的工作有没有进步？第四问：我的道德有没有进步？"这些问题，我们每天都应拿来问问自己，并不断矫正，不断完善。如果想得更远一些，我们还可以问问自己：二十年后、三十年后，我想过上一种怎样的生活？我要为此做出怎样的铺垫，付出多大的努力？善于和自己对话的人，必将善于和别人对话；今日能和灵魂对话，来日必将青春开挂！

浪费点儿时间，跟父母撒娇。曾有学生在作文里写道："你打你的工吧，我读我的书！""父母每次打来电话，都是问'你吃得饱吗？''要好好学习呀'，再没有其他的了。而我每次也都是'哦''嗯''晓得'之类的回答。""你今天回来突然问我的成绩，平日里不闻不问，这有意思吗？"儿女都是父母的心头肉。留守儿童，更是父母最心痛、最无奈、最永远的牵挂！在这个超长寒假里，我们可不要腼腆和含蓄！我们要多和父母撒撒娇！比如，让妈妈每天给自己一个拥抱，让爸爸每天给自己讲一个故事，一家人在一起偶尔玩玩游戏。当然，我们也应该及时地予以回报，比如每天给爸爸泡上一杯茶，帮妈妈做一点儿家务。趁着团聚的日子，和爸爸妈妈多聊聊：聊聊自己的想法，聊聊自己的困惑，聊聊自己的学习，等等。

浪费点儿时间，凝视下窗外。作家蒋勋有一次问工程师："你们在这里工作五年了，有没有人可以告诉我，公司门口那一排树是什么树？"结果，没有一个人能回答上来。美学家朱光潜曾在课堂上问学生："你们有没有人观察过，校园那片芍药是怎么盛开的？"结果也是没有一个人能回答上来。这是一件令人非常遗憾的事情。"未经凝视的世界是毫无意义的。"这个世界只属于那些细心观察、用心体验的人。我们可以常常望望窗外，看看院子，春草绿了吗？花儿开了吗？树枝儿吐了新芽了吗？它们的名字分别叫什么？我们还可以望望路上，在这些寥寥无几的行人中，我认识几个？每天经过的行人，是不是有相对固定的几张面孔？眺望窗外，凝视世界，可以让我们思想更专注、观察更细致、思考更缜密。

浪费点儿时间，常做健身操。在家里憋了这么长时间，我们一定渴望出去跑跑步，打打球。可惜现实不允许。没事儿的，尺水能兴波，斗室可健身。比如我吧，每天上午、下午都分别做一次"课间操"，这可是我自己原创的哟。14节，每节4个8拍，做完一次大约6分钟。别小看这6分钟，每次做完后，颈椎、腰椎都有点儿酸酸的感觉，这就是"课间操"的健身效果！我们都会做广播体操，可以到网上下载伴奏音乐（没有音乐也不要紧），这照样是健身呀！跑步跑不了，散步散不了，但是我可以原地踏步走呀！每天晚上，打开电视，一边看电视，一边原地走。一集电视剧看完了，我一天的运动也到位了。

这难道不是一举两得的好办法吗？每天锻炼一小时，健康工作五十年，幸福生活一辈子。宅在家里，照样可以坚持锻炼，而且不觉得单调。

浪费点儿时间，读两本闲书。阅读，可以让我们认知世界；阅读，可以让我们结识圣贤；阅读，可以让我们联通古今；阅读，可以让我们认识自我。然而，当下的中小学生课业负担沉重，平日里可以用来阅读的时间并不多。我们可以问问自己，语文课本上要求阅读的名著，我读了几本？都读完了吗？有底气回答的学生应当是非常非常少的。与其刷题千道，不如读本名著。这个超长寒假，即便每天只读二三十页，也可以读完两三本名著。有同学可能会说，都过去这么长时间了，还来得及读吗？请别忘记这句古语：亡羊补牢，未为迟也！而今迈步从头越，最好的日子永远是今天！

浪费点儿时间，发展点儿爱好。"我想唱歌可不敢唱/小声哼哼还得东张西望/高三啦还有闲情唱/妈妈听了准会这么讲/高三成天地闷声不响/难道这样才是考大学的模样/可这压抑的心情多悲伤……"想唱就大声地唱吧，想跳就欢快地跳吧，想画就投入地画吧，想玩就尽兴地玩吧！此时不玩，更待何时？作家龙应台说："孩子不会玩，就是缺点。玩，是天地之间学问的根本。""上一百堂美学的课，不如让孩子自己在大自然里行走一天；教一百个钟点的建筑设计，不如让学生去触摸几个古老的城市；讲一百次文学写作的技巧，不如让他在市场里头弄脏自己的裤脚。"这个特别的寒假里，我们无法出门，但可以通过网络将自己喜欢的东西尽收眼底，让自己神游其中；可以发挥我们的聪明才智，运用我们灵巧的四肢，来做点儿小玩意。这不但不会耽误我们的学业，还会丰富我们的精神。

此外，我们还可以浪费点儿时间，与朋友闲聊；浪费点儿时间，让灵魂"出窍"；浪费点儿时间，想点小心事；浪费点儿时间，把身心调整好……

读到这里，可能有朋友会问：浪费了这么多的时间，我们哪来时间完成寒假作业和预习新课呀？尤其是现在开始了"停课不停学"，我哪有那样的闲情雅致？

其实，我们不妨换个角度来问自己：整天泡在作业里，磨在网课里，我们的思想专注吗？我们的学习效率高吗？许多时候，我们是不是"人在曹营心在汉，"抑或是心有余而力不足？

事实告诉我们：思想专注的人，他的时间永远够用；主动学习的人，他才会利用时间。因为善于经营者，不会锱铢必较；善于求知者，不用分秒必争。因为我们不是要抓住每一分钟来学习，而是要抓住学习中的每一分钟。

需要提醒的是，凡事过犹不及，物极必反。让你学会"浪费时间"，并非让你"荒废青春"。相反，是希望大家能够具有一定的自制能力。自制能力越强，发展潜力越大！

学会了"浪费时间"，就学会了自我均衡；学会了"浪费时间"，就学会了自我取舍；学会了"浪费时间"，就学会了自我管理；学会了"浪费时间"，就学会了自我投资；学会了"浪费时间"，就学会了自我发展。

最后，一言蔽之：你不会"浪费时间"，就不懂"珍爱生命"。

念好"三字经",育好"特别生"

> 特别生,需费神;明底数,绘愿景;
> 知背景,进心灵;家校合,结同心;
> 扬正气,造环境;班科联,共育人;
> 观所好,给重任;防未然,察言行;
> 约法先,言必信;欲惩戒,法理情;
> 按程序,持冷静;常修炼,长本领。

得天下英才而教之,乃人生一大乐事。然而,现实生活中"问题学生""特别学生",往往会让班主任深感头疼。他们时不时给你出点儿难题,制造些麻烦;稍不注意,他们还可能给你造成一些责任事件。

我们需要有足够的耐心和足够的智慧来应对、转化。为形成合力,取得实效,笔者尝试撰写了一套"三字经",供各位参考。

一、特别生,需费神;明底数,绘愿景

许多时候,我们往往把焦点集中在留守儿童身上,但经过近三年的观察和实践,我们发现,有三类学生更需要特别关注:一是家庭较为特殊的学生,如单亲、孤儿、父母离异、父母残疾等;二是身体、心理、品行等方面较为特殊的学生;三是学习习惯、学习基础特别不好的学生。为便于表述,我们姑且将其称为"特别学生"。

我们认为,摸清底数是一种教育起点。以苦竹中学为例,通过摸底调查,

全校789名学生中，"特别学生"有159人（这些数据都是相对而言），其中家庭较为特殊的学生有77人；学生本人身体、心理、品行较为特殊的学生有27人，学习习惯、学习基础特别不好的有65人（其中包括20例三项或两项重叠情况）；在全部"特别学生"中，留守儿童有142人，约占89%。

我们认为，不犯错误是一种教育红线，投入关注是一种教育责任，润泽心灵是一种教育艺术，改善行为是一种教育智慧。摸清底数、不犯错误、投入关注、润泽心灵和改善行为，既是我们的一种教育线路图，也是我们的一种教育愿景图。同样的道理，一个班级的管理和发展，也应当有一个愿景；针对某一个"特别学生"（也许不仅仅是"特别学生"），我们也应当引导他制定出近期的和远期的发展规划。以规划来诱导，以愿景来激励，不断激发学生的上进心和求知欲。

二、知背景，进心灵；家校合，结同心

这世上没有无缘无故的爱，也没有无缘无故的恨；没有无缘无故的优秀，也没有无缘无故的顽劣。一个学生性格的形成，很大程度上取决于他生长的环境。因此，我们应当尽可能地知晓他的家庭情况，对他的父母乃至他的祖父母都要有一定的了解；尽可能地知晓他的成长经历，弄清楚他是怎么"走"到今天的；尽可能地知晓他的好朋友或亲密玩伴，从这些人身上了解他不为人知的一面。对一个学生的成长背景了解得越多，就越容易走进他的心灵，越容易对他进行有针对性、有实效性的教育。

教育，从来不只是学校单方面的事情；没有家校合作的教育，其效果往往会大打折扣，对于"特别学生"的教育更是如此。但"特别学生"的背后，往往有一个"特别家庭"，他们的父母也许在身体状况、自身修养、价值态度、教育方式、婚姻家庭等方面会不同程度地存在一定的问题。因此，一方面需要我们定期办好家长学校，另一方面需要我们"团结一切可以团结的力量"，比如学生的祖父、祖母，外公、外婆等。需要我们多与学生的父母或其他监护人经常性地进行沟通，以期在针对学生的教育方式（包括惩戒方式）上达成共识，并争取他们给予积极的配合。

三、扬正气，造环境；班科联，共育人

要改变一个人，最好的办法就是给他营造一种相互信任、积极向上、崇真尚美的生活环境。我们要始终相信环境的教育力量，并不遗余力地营造出利于儿童成长的良好氛围。

营造环境的最好办法，就是开展活动。比如读书活动、演讲比赛、歌咏比赛、体育运动、程序设计、教室的布置、寝室的整理等。通过活动，搭建合作的平台，发挥学生的潜能，让更多的学生能够在活动中展示自我，在环境的影响下发展自我。

一个班级，应当有一个班级的发展愿景；一个班级，应当有一个班级的价值追求。因此，作为班主任，特别需要大力整合本班科任教师的思想与智慧，特别需要在教育学生（尤其是"特别学生"）方面心往一处想，劲儿往一处使。

面对"特别学生"的教育，应坚持五项原则：一是私密性，即尊重、保护学生的隐私；二是主体性，即以学生为主体，从学生角度来实施教育；三是整体性，即营造良好的班级教育氛围，对学生德智体美全方面进行教育；四是差异性，即因人而异，因材施教；五是激励性，即努力激发学生生命成长的主观能动性。

四、观所好，给重任；防未然，察言行

好孩子都是夸出来的，好孩子更是在他的爱好、特长中成长起来的。如果发现学生在某个方面有什么特长，我们就要尽可能地在这些方面对他"委以重任"：有艺术爱好的，不妨让他去组织美育节活动；有体育特长的，不妨把运动会相关事宜交付给他；擅长书法的，不妨让他去办黑板报、手抄报；喜欢上网玩游戏的，不妨让他去尝试简单的程序设计；等等。通过实实在在的活动，让学生真真切切地感受到自己存在的价值。

冰冻三尺非一日之寒。一个学生存在的所谓的大问题，往往都是由一些小问题累积而成的。通过观其言、察其行，发现问题，及时沟通，晓之以理，动之以情，投之以爱，避免他渐行渐远。

五、约法先，言必信；欲惩戒，法理情

国有国法，班有班规。一个健康的班级，一定有一套科学可行的班纪班规。

班纪班规的制定与颁布，应严格遵循民主集中制原则：既有全体学生的心声，又有班主任的个人意志；既有不可逾越的底线，又有合乎法理的惩戒；既有对学生的约束，又有对班主任和科任教师的制衡。班纪班规一旦公布实施，如有学生（也包括班主任本人）违纪违规，一定要言必信，行必果。

没有惩戒的教育，一定是不完整的教育，但对违纪学生的惩戒，应遵循"合法合理，适时适度"的原则。

所谓合法，也就是要遵守相关法律法规，比如《中华人民共和国未成年人保护法》。

第十八条：学校应当尊重未成年学生受教育的权利，关心、爱护学生，对品行有缺点、学习有困难的学生，应当耐心教育、帮助，不得歧视，不得违反法律和国家规定开除未成年学生。

第二十一条：学校、幼儿园、托儿所的教职员工应当尊重未成年人的人格尊严，不得对未成年人实施体罚、变相体罚或者其他侮辱人格尊严的行为。

所谓合理，也就是合乎人之常情，人非圣贤，孰能无过？一些严厉的惩戒，应当是针对那些屡教不改的学生，而不能滥用。

所谓适时，也就是要把握时机，惩戒应当选择在师生双方都心平气和的时候实施。

所谓适度，既体现在班纪班规的明文规定中，又体现在学生身心都能承受的范围内。

六、按程序，持冷静；常修炼，长本领

教育不是万能的。一旦出于某种特殊原因，导致某名"特别学生"冲动不已、打架斗殴、旷课逃学等，我们必须积极面对，妥善处理：不逃避，不遮

掩,及时控制事态,在第一时间报告学校、告知家长;同时要保持冷静,在言语上、行为上确保不犯错误,不激化矛盾。我们虽然无法保证万无一失、高枕无忧,却应尽可能地大事化小、小事化了。

一个班主任,一个职场人,要适应时代的变化,适应学生的变化,一个不变的定律就是:活到老,学到老;成长到老,修炼到老。笔者结合自身成长经历,尝试提炼出"班主任专业成长的十个关键词",略作阐释,与诸君共勉。

心态:自然生长,顺势而为;
胸怀:兼容并包,各美其美;
眼光:高瞻远瞩,入木三分;
管理:文武之道,一张一弛;
渗透:春风化雨,润物无声;
对话:以心换心,以情育情;
惩戒:合法合理,适时适度;
危机:防微杜渐,防患未然;
冲突:以退为进,以柔克刚;
修为:终身学习,与时俱进。

发展"能确定",应对"不确定"

2020 年,展现在我们眼前的,几乎是从未遭遇过的不确定的迷茫和焦虑。

何曾想到,有一种病毒叫新冠肺炎,它比 SARS 来得更加凶猛,持续得更加长久;

何曾想到,千万级人口的大都市被迫启动历史上从未有过的封城,之后便是全国各地的封市、封路、封村;

何曾想到,大年三十,成千上万名白衣战士,来不及与家人团聚,便纷纷投入到一场紧张的抗疫之中;

何曾想到,工厂停工、学校停课,一停就是几个月;

何曾想到,一场疫情竟然席卷全球,谁也不能袖手旁观;

何曾想到,东京奥运会竟因为疫情而推迟;

何曾想到,在那个春天里,师生们"停课不停教""停课不停学";

何曾想到,因为疫情,高考推迟、中考推迟;

……

这么多的"何曾想到",即是这么多的曾经"不确定",如今都变成了一系列的"已确定"。

这并非科幻大片的惊天逆转,而是现实生活的如实记录。

"不确定",其实也是一种"能确定"。也就是说,人类生活必须也必然在"不确定"和"能确定"之间永久徘徊。

唯有在"能确定"的当下,积极拥抱"不确定"的明天,才可能成为时代骄子,并获得终将"能确定"的进步和发展。

当代中国,便是在"能确定"的社会制度下,以人为本,与时俱进,妥善应对"不确定"的国际风云,从站起来,到富起来,到强起来,进而实现中华民族的伟大复兴。

航天人员，便是在"能确定"的宇宙认知下，积极探索，锐意进取，突破一项项"不确定"的航天技术，从地球到太空，从月球到火星，不断扩大中国的宇宙视野。

华为公司，便是在"能确定"的坚持自主创新的企业制度下，披荆斩棘，克难奋进，勇敢面对"不确定"的技术封锁和重重围剿，依然挺立在世界通信技术的云端……

对于当代学子而言，面对的"不确定"因素也始终存在，比如高考、中考制度的改革，课程的调整，不同时代所需人才标准的变化，国际关系对中国学生、中国企业的影响，所在学校、科任教师、同班同学，甚至还包括家庭，也都会有许许多多的大大小小的"不确定"。

如何在这些"不确定"的状态下，寻找"能确定"的"不变量"，进而发扬光大、成就自我，将是每一位教师、每一位家长、每一位同学所要面临的人生课题。唯有合乎规律、适应大势者，才能勇立潮头、百变不惊，最大程度地实现自我的人生价值。

对于一位学生而言，"能确定"的"不变量"到底会有哪些呢？不同的角度，会有不同的答案。但有一种答案，或许更有代表性。这便是"核心素养"。说得更确切一些，便是"中国学生发展核心素养"，即是学生应具备的、能够适应终身发展和社会发展需要的必备品格和关键能力。

它以培养"全面发展的人"为核心，分为文化基础、自主发展、社会参与三个方面，综合表现为人文底蕴、科学精神、学会学习、健康生活、责任担当、实践创新等六大素养，具体细化为国家认同等18个基本要点。

如果说得更通俗一些，就是德智体美劳全面发展。

说得更明白一些，便是品德优秀、成绩突出、身心健康、情趣高雅、吃苦耐劳。

若能如此，大多情况下，这些孩子总会有人缘、有出息、有福报。

这便是"能确定"的发展方向，也是应对"不确定"所需的素养。

愿我们有更多更好的"能确定"的条件，合力从容地应对"不确定"的风云变幻，并在"不确定"的环境下，取得一个个最终"能确定"的骄人成绩。

第二辑

创意课程勤开发

在开发课程中开发自我

一、从西南联大说起

关于这个话题，我首先想到的是一所学校——国立西南联合大学。1937年8月，国立长沙临时大学建立。1938年4月西迁至昆明，改称国立西南联合大学；1946年7月31日西南联大停止办学，西南联大共存在了八年多。

只有八年多办学历史的西南联大，其办学成就却举世瞩目：

联大师生涌现出中央研究院首届院士（1949年）有27人、中国科学院院士有154人（学生80人）、中国工程院院士12人（全是学生）。其中，杨振宁、李政道2人获得诺贝尔奖（物理学奖）；赵九章、邓稼先等8人获得"两弹一星"功勋奖；黄昆、刘东生、叶笃正、吴征镒4位是国家最高科学技术奖获得者；何泽慧、朱光亚、彭珮云、汪曾祺、何其芳、叶笃正等校友，一个个成就卓著，影响深远。

所以，很多专家都这样称赞西南联大：一所只存在了八年多的"最穷大学"，却成为"中国教育史上的珠穆朗玛峰"。

"内树学术自由，外筑民主堡垒"，系后人对西南联大的高度赞誉，也是西南联大取得巨大成就的原因所在。

究其根本，还是因为该校拥有了一大批学贯中西、独树一帜的大师：叶企孙、陈寅恪、梁思成、金岳霖、朱自清、冯友兰、沈从文、陈岱孙、闻一多、钱穆、钱钟书、费孝通、华罗庚、朱光潜、赵九章、林徽因、吴晗、吴宓、梅贻琦、张伯苓、蒋梦麟、冯至，等等。

当然，也因为西南联大的招生标准非常高。"在当时，联大入学考试和出国留学，都没有后门，只能硬碰硬，靠真才实学，差一点儿的学生就进不去。"（李政道《这是最好的大学》）通常情况下，好学校大多是好学生支撑起来的。

大师们所任教的课程，都是各自多年研究所得，也就是说，他们的课程都是属于各自的"师本课程"。

文学系，有朱自清、闻一多；物理系，有饶毓泰、吴大猷；历史系，有陈寅恪、钱穆；哲学系，有冯友兰；外语系，有钱钟书；数学系，有华罗庚……

西南联大教授，几乎是"想讲什么就讲什么，想怎么讲就怎么讲"。一位大师，其本身就是一门课程。

杨振宁于《读书教学四十年》中回忆道："我在联大读书的时候，尤其是后来两年念研究院的时候，渐渐地能欣赏一些物理学家的研究风格……我在物理学里的爱憎主要是在该大学度过的 6 年时间里培养起来的。"

李政道在《这是最好的大学》里这样评价："每一门课程（包括大一基础课和三四年级的专业课）往往同时有好几位老师讲，由学生选择。如《楚辞》课，就由闻一多、罗庸、唐兰同时开讲，三位都是名家，都有造诣，学生可以任选一位，也可以同时三家都听，这样自然受益匪浅了。"

姚秀彦在《永远怀念西南联大》中写道："人生本是要有多样的意见，缤纷的色彩。记得冯友兰先生新出了贞元三书：《新世训》《新理学》《新事论》，深入浅出，风行一时。"

汪曾祺曾说，如果没有进西南联大，自己可能成不了作家。换言之，如果没有在西南联大遇到沈从文，他可能也成不了作家。

这一学术氛围，既成全了学生，又成就了教师；既成全了课程，又成就了学校。这大概就是名副其实的"教学相长"吧。

二、苏霍姆林斯基的"两套教学大纲"

如果说上文说的是大学，对基础教育的启示有限，那么下面这一部分则将视线完全放在基础教育领域。

苏联著名教育实践家和教育理论家苏霍姆林斯基所提出的"两套教学大

纲",让我深受启发。他说,他在自己的实际工作中,始终把握两套教学大纲:第一套教学大纲是指学生必须熟记和保持在记忆里的材料,第二套教学大纲是指课外阅读和其他的资料来源。

苏霍姆林斯基的第一套教学大纲,应当便是通常意义上的教学大纲,有点儿类似于我们今天的课程标准;第二套教学大纲,则是富有个性色彩的师本课程,是为发展学生智力、提升学生素养的一种补充材料。

以生物学为例。苏霍姆林斯基认为,生物学里有大量很难理解的、很难识记和在记忆里保持的理论概念。于是,当学生第一次学习如生命、生物、遗传、新陈代谢、有机体等科学概念时,他便先从科学和科普性杂志、图书和小册子里给学生专门挑选一些(课外)阅读材料。这个第二套教学大纲里,就包括阅读这一类小册子、书和文章。读了这些材料,学生激发起对一系列科学上的复杂问题以及对新书的极大兴趣。青年学生们通过学习生物学,对周围自然现象(特别是各种各样的代谢现象)产生了兴趣,提出了很多疑问。

苏霍姆林斯基认为,学生们提出的疑问越多,他们获得的知识就越深刻。

苏霍姆林斯基建议,尽力为学生识记、记熟和在记忆里保持教学大纲规定教材而创造一个"智力背景"。这个智力背景,包括课外阅读材料。

他认为,阅读是对"学习困难"的学生进行智育的重要手段。学生学习越感到困难,在脑力劳动中遇到的困难越多,就越需要多阅读;这正像敏感度差的照相底片需要较长时间的曝光一样,学习成绩差的学生的头脑也需要科学知识之光给以更鲜明、更长久的照耀。

苏霍姆林斯基的第二套教学大纲还包括劳动实践和观察大自然等。

苏霍姆林斯基说,通过几百个事例而深信,凡是着迷于一件有趣的劳动,在劳动中不断地揭示出各种关系和相互联系的学生,他的思想就不可能是混乱的,言语也不可能是迟钝的,因为学生不仅在劳动,而且在思考,在推断各种因果关系,在规划未来的工作。他还说,劳动不仅是一些实际技能和技巧,还是一种智力发展,是一种思维和言语的素养。

我们可以这样理解:没有活动便没有教学;知识与能力、情感态度价值观,往往是人与自然亲密接触时,自然提升、自然迸发、自然养成的。

苏霍姆林斯基认为,用记忆代替思考,用背诵来代替鲜明的感知和对现象本质的观察——这是儿童变得愚笨，以至最终丧失了学习愿望的一大弊病。而最好的思维课，便是到自然界去"旅行"。

这是因为在大自然中去观察、体验，儿童能够非常敏锐地感知那些鲜明的、富于色彩、色调和声音的形象，并把它们很深地保持在记忆里；正因为有一条鲜明的对象、画面、知觉、表象的清澈的小溪不断地流进儿童的心田，所以儿童的记忆才那么敏锐和牢固。

苏霍姆林斯基深信，如果把周围世界作为儿童身在其中学习思考、识记和推理的环境，那么随着儿童的入学，他的记忆的敏锐性、思维的鲜明性，不仅不会削弱，反而会增强。

苏霍姆林斯基的这些观点，我们不要采用非此即彼的二元论来理解。强调阅读课外资料，并没有否定强化记忆；强调劳动实践，并没有否定课堂学习；强调观察大自然，并没有否定用好教材——我们应做的是，适当补充，适当兼容，把课外阅读、劳动实践和大自然观察，科学地补充到课堂学习中去。因为过于感性的东西，往往会让思维浮在表层，还必须在提炼、推理、归纳等方面进行一些理性思考，也就是在"联系"的基础上发展智力。

苏霍姆林斯基的"两套教学大纲"，或许不止以上这些内涵。但通过上述文字，我们对于他的"课程观"应当会增加一些感性和理性的认识。

三、在开发课程中开发自我

所谓"师本课程"，便是沿着国家课程—地方课程—校本课程的思路，提出的一种新的课程层次或形态。有人也将其称为"教师课程"，也就是教者基于对学生的了解，以自己的课程理念为指导，或对他人编制的课程进行转化、改造、拓展，或独立自主地开发课程。

师本课程其实并不神秘。就笔者的理解，一名成熟的教师，在备课或上课时，只要融入自己的理解、经验、创意，就都可称之为"师本课程"。因为它对国家课程、地方课程、校本课程起到了改造和整合作用。但是如果仅此而论，似乎又稍显泛化。因而，我们还应当从课程理念、课程目标、课程形态等方面稍作阐释。

在成尚荣先生看来，教师课程应当坚守一些核心理念。其一，课程是教师赠送给孩子的一份幸福的礼物；它不能只是一种课业负担，而应当让孩子爱上课程，爱上学习。其二，课程是学生随时准备弹离的一块跳板。丰富多彩的教师课程，更贴近学生、贴近生活，更有魅力，其宗旨是让学生凭依这块跳板起跳，跳得更高更远。其三，课程是学生发展的机会。开发一门课程，便是在学生面前打开一扇窗户，开辟一条通向生活、通向世界的道路。

关于"师本课程"的课程形态，成尚荣先生将其分为三种：一是基本形态，也就是对国家课程、地方课程、校本课程进行二次开发，进行创造性教学。这种基本形态的课程，具有普遍性、可操作性。二是优化形态，即是对国家课程加以改造，或是适当增删，或是适当扩展，真正为教师所用。三是独立形态，即教师根据需要独立开发，有专属的课程名称、课程目标、课程内容和结构等。

在这三种形态中，笔者认为，第三种更有创意，更有教者个性特点，故可称之为"创意课程"。回顾个人的教学实践，自主开发的有点创意的课程，大概有以下三种：

一是"同步作文"。十多年前，在语文测试中，笔者和学生们一起"同时知题，同场写作，同一要求，同步完成"。这样写了几十篇后，笔者逐渐建构起一套行之有效的"作文模式"："从一个侧面写人""带一种感悟叙事""怀一种情愫写景""分一些层次说理""从不同角度叙事"等。之后，这便成为我作文教学的主打课程。

二是"乡村少年说"。为全面了解学生，增强师生情感，切实提高学生的写作能力，笔者和本班学生约定，一起来完成一本书稿。书稿的一个关键字，便是"说"字。围绕"说课业""说课外""说师友""说家庭""说成长""说远方"等6个主题、80多个子话题，全班参与，一起倾诉。一路写下来，孩子们一个个敞开心扉，尽情表达。"初二现象""青春期叛逆""生活化写作"等问题，在这门课程里均得到了很好的解决。经笔者整理，《乡村少年成长密码》一书正式出版。笔者希望它能成为一套鲜活的教育学，一座温馨的连心桥，一本别样的作文选，甚至是一册常翻常新的案头书。个人认为，基本达到了预期目标。

三是"陪你读名著"。2017年秋季,因为工作岗位的调整,笔者主动向校长请缨,在七年级开设"名著阅读"课,笔者来做"名著导师",此后,便开始了将近三年的名著导读课程开发。从最初的"梳理式"到后来的"点面式",再到之后的"一书一式",随着学生的越发喜欢,课例的逐渐推广,文章的纷纷发表,笔者对这门课程的开发有了更大的信心。2020年10月,《特级教师陪你读名著》(统编本·初中卷)一书正式出版,这意味着"陪你读名著"这门课程,得到了专业认证。

个人认为,每一次的课程开发,都为学生奉上了一件礼物、一块跳板、一次机会,也为学生打开了一扇窗户。它可能是一扇心灵之窗,也可能是一扇生活之窗、一扇世界之窗、一扇名著之窗。在这些课程的开发中,作为教师的笔者,在对于教育的认知、学生的了解及知识的丰富、成果的丰厚等方面,都得到了长足的、看得见的进步。

从高考"微写作"说起

大凡关注语文教学改革的人（不仅仅是语文教师），对 2018 年北京市高考语文卷中的"微写作"印象尤为深刻。该题分值为 10 分。题目要求如下：

从下面三个题目中任选一题，按要求作答。

①在《红岩》《边城》《老人与海》中，至少选择一部作品，用一组排比比喻句抒写你从中获得的教益。要求：至少写三句，每一句中都有比喻。120 字左右。

②从《红楼梦》《呐喊》《平凡的世界》中选择一个既可悲又可叹的人物，简述这个人物形象。要求：符合原著故事情节。150—200 字。

③读了《论语》，在孔子的众弟子之中，你喜欢颜回，还是曾参，或者其他哪位？请选择一位，为他写一段评语。要求：符合人物特征。150—200 字。

在我看来，这道"微写作"题，小而言之，戳到了语文教学的痛处；大而言之，戳到了国人心灵的痛处。不注重阅读的语文教学，将何去何从？没有阅读习惯的人生，将以什么作为心灵的基石？

"得语文者得高考""得阅读者得语文"，这两个观点似乎已得到普遍的认同。然而，真正推行"整本书阅读"的学校能有几所？真正进行"整本书阅读"的学生能有几人？

一些省城学校或许相对乐观，然而，对于县城或乡村学校而言，初高中学段的阅读状况，用"苦不堪言"四字来形容，并不夸张。这种困境主要体现在如下几个方面。

一是"无书可读"。绝大多数乡村学生没有买书的习惯，绝大多数乡村父母没有阅读习惯，绝大多数乡村家庭没有藏书习惯，这是不争的事实。乡村学校也大多建有图书室，里面也许能找到语文教材上要求阅读的几本必读书或选读书。然而，这对于学生全员阅读而言，只是杯水车薪。无书可读，是学生全员阅读、整本书阅读所面临的一个现实困境。

二是"无需阅读"。大多教师、学生、家长都有这样一种认识：即便不去阅读那些必读书和选读书，也照样可以考好语文；或者说，即便费了九牛二虎之力，读了那些书目，语文也未必一定能考好。因而，名著的"读"与"不读"似乎不太重要。这一方面与考试导向有关（比如，某些省市的中考语文试题关于名著阅读的题目，仅仅只有一道2分的选择题）；更重要的则是，教师、学生和家长并没有真正理解名著阅读对于生命成长的价值所在。

三是"无暇阅读"。无暇阅读，得从两方面来看：一是客观上，当前中学生的课业任务已经够重的了，且莫说睡前饭后能抽出时间，就是周末，学生们的时间往往也被作业、试卷填得满满的；二是主观上，没有家长的督促，更多的学生，尤其是留守学生，周末、寒暑假的空闲时间，大多被电视、手机、游戏占领。也就是说，他们有时间看电视，玩手机，玩游戏，但就是没时间阅读。

四是"无人导读"。统编本初中语文上，"必读名著"的导读包括四个部分：内容简介，读书方法指导，专题探究，精彩选篇；"自主阅读推荐"的导读，则只有内容简介。编者可谓用心良苦。然而，这种导读的作用到底能有多大？它能激发学生整本书阅读的兴趣吗？它能让语文教师借此给学生导读吗？事实上，这样的导读收效甚微。大多数教师也都是从网上搜索一些课件或资料，用讲课件或讲资料的方式，做应考之用。教师没有读原著，学生没有读原著，这也是不争的事实。

没有合格"导师",何来"名著导读"

一、学生为何不读书、读书少

统编教材语文总主编温儒敏教授曾说,希望能以统编语文教材,治一治"语文教学不读书、读书少的通病"。大概是出于这种考量,统编语文教材便有了"一减一加":在课文数量上,每学期由 30 篇课文缩减为 24 篇;在"名著导读"篇目上,由原来每个学期的 2~3 部,增加到现在的 6 部。其中包括必读的 2 部、自主选择阅读的 4 部。此外,通过课文往课外延伸的还有几部。

比如,七年级上学期,必读的有鲁迅的《朝花夕拾》、吴承恩的《西游记》;选读的有孙犁的《白洋淀纪事》、沈从文的《湘行散记》、屠格涅夫的《猎人笔记》、李汝珍的《镜花缘》;"如果有兴趣,可以阅读"的有《泰戈尔诗选》、冰心的《繁星·春水》、海伦·凯勒的《假如给我三天光明》、康拉德·劳伦兹的《所罗门王的指环》等。

每周的语文课时量不变,而"上课文"的时间可减少 1/5,学生可用来读书的时间多了。就笔者所在的学校以及周边学校情况来看,在 2016—2017 两个学期里,七年级语文课本的内容早早地上完了,但无论是必读还是选读的,以及往课外延伸的名著,绝大多数学生并没有阅读。城市学校的情况如何,笔者不大了解,但乡村学校大体都是这个样子。"语文教学不读书、读书少的通病"还是没有得到医治。

笔者认为,造成这种现象的根源,还是教育观念在作祟。大多数语文教师依旧把"上课文"之余的时间,用在做题讲题、做卷讲卷上,因为这样的教学方式似乎在应考方面更稳妥一些,如果让学生在语文课堂上去阅读名著,心里便没底了。

还有一个很重要的原因,那就是大多数语文教师,并没有完整地阅读那些必读或选读书目;即便在学生时代阅读了,也都遗忘得差不多了;抑或是当年阅读时,本来就读得匆忙,理解得肤浅——在这样的情况下,语文教师又如何指导学生阅读名著呢?

二、教师先读,再陪学生读

这个学期,因岗位调整,笔者没有教语文。经反复考虑后,笔者主动请缨,承担七年级阅读课的教学任务——并非把学生带到阅览室让学生自由阅读,而是"名著导读",实打实完成教材上规定的"名著导读"的教学任务。笔者将其称为"陪你读名著"。

作为"名著导师",必须在课前反复研读相关名著,否则便只能"陪"而不能"导"了。于是,笔者把更多的时间用在阅读名著上,用在撰写讲义上:一本薄薄的《朝花夕拾》,我读了3个星期,撰写了1.5万字的讲义——有了这样的准备,我才有了些许底气。

一部厚厚的《西游记》,光是通读,笔者就花了一个多月,而要将其写成讲义,不知道还要花多长时间。这些工作只能见缝插针地利用早晚空闲时间。笔者相信"只要功夫深,铁杵磨成针",工匠精神不就是这样磨砺出来的吗?

原来几乎没有学生主动阅读名著,现在有一部分学生能提前预习相关篇目或相关章回了;最初导读时,多数学生跟不上节奏,现在他们能跳跃性地阅读了;原来多数学生只是象征性地翻阅,现在则"不动笔墨不翻书"了;《朝花夕拾》的许多篇目,依靠自主阅读,大多数学生是读不进、读不懂的,在教师的导读下,他们兴趣盎然。

三、从教师着手推动"名著导读"

语文教学不读书、读书少的通病,既是"教"的通病,也是"学"的通病，还是当前社会的通病。那么又该如何对症施治呢？

事实证明，仅仅依靠语文教材的"一减一加"，或者仅仅依靠给学生"开书单"，是无法医治这个通病的，甚至可以说，仅仅依靠当前的课程设置，也无法医治这个通病。因为大多数语文教师都面临着"三没有"的现实问题：没有时间读，没有兴趣研，没有底气导。

学校该如何激发学生（特别是乡村学校学生）开展名著阅读呢？在笔者看来，可以实施"四轮驱动"。

一是师资配置采取"名著导师制"。在本校教师队伍（不局限于语文教师）中专门抽出一两位在名著阅读上有兴趣、有情怀的教师来承担名著导读工作。这样，"名著导师"便可以集中精力来专攻名著导读了。

二是课时安排采取"一导一读制"。每周在课表上明确安排两节阅读课（从语文课中调整一节过来），一节用来"导"，一节用来"读"。这样，就不至于把名著阅读的任务完全甩到课外了。

三是学生评价采取"真考浅考制"。所谓真考，就是让那些仅仅依靠"临时抱佛脚"的人无法应考；所谓浅考，就是所考查的内容，尽可能简单一些（比如以考查人物、情节为主），但所涉及的面尽可能地宽一些。

四是教师评价采取"绩效捆绑制"。所谓绩效捆绑，就是把"名著导师"和语文教师的绩效放在一起考核。当然，如果能不用考核，而"名著导师"们还能尽心尽力、尽职尽责乃至尽善尽美地完成工作，那自然是最好不过了。因为名著阅读不能有太强的功利心。

名著导读，最理想的状态莫过于所有的语文教师都能有兴趣研读、有底气导读，莫过于全体学生都能有时间阅读、有能力读好，在当前的现实条件下，采用"名著导师制"不失为一种务实而有效的管理手段。

走向"整本书阅读"

一、认认真真写讲义

在我看来,名著导读课的备课过程,就是一个编著的过程。因为这其中包含着梳理、思考、提炼和二次创作等环节。从 2017 年秋季开始,一个学年下来,我陪学生读了 6 本(包括 4 本必读的和 2 本选读的)名著,当然也写了这 6 本名著的教案,约 14 万字。我把这些文字称为"陪你读名著"。

回过头来想想,撰写教案的方式,上学期,我主要采用的是"梳理式";下学期,主要采用的是"点面式"。下面,先举一例,略作说明。

《父亲的病》

(选自鲁迅的《朝花夕拾》)

父亲得的是什么病呢?文章里只是交代了父亲病后的症状:"父亲的水肿是逐日利害",以及父亲临终前"喘气颇长久","连我也听得很吃力,然而谁也不能帮助他",甚至让"我"曾产生了这样的一种念头:"还是快一点喘完了罢……"这是"我"希望父亲能够减少一些痛苦。

有资料考证,鲁迅的父亲周伯宜于 1893 年冬一病不起,至 1895 年秋冬病势日加严重,直至 1896 年 10 月 12 日(农历九月初六)去世,终年三十七岁。他到底死于什么病?根据一些医者的分析,周伯宜主要死于肝硬化(肝癌),俗称膨胀病,中医称单腹胀。

本文讲的重点，是医治父亲的两位"名医"。

第一位"名医"，文章里没有交代姓名，只是交代了他的长相特征："脸是圆而胖的"。这位"名医"最善于坐地起价、讹人钱财。他有四招。

第一招："讹"。病人都已经没有脉了，这位"名医"还说："这病我明白了。"收入100元。当主人提出用药还得重一点时，他又收入200元。这位"名医"可谓是心狠手毒。

第二招："拖"。"我曾经和这名医周旋过两整年"。两整年，足以把一个好人给拖成重病，何况父亲本来就有病。

第三招："骗"。故意开一些奇怪的药引。

第四招："推"。实在没办法治好父亲的病之后，便拉陈莲河来替罪，和自己完全脱了干系。

第二位"名医"就是陈莲河。据悉，陈莲河的本名叫何廉臣。鲁迅先生为了表达对他的恨意，把名字颠倒，说明这个人颠倒黑白，不分是非。这个反面人物就是一个实实在在的江湖骗子。他的骗术，套路很深。

第一套药引：蟋蟀也就罢了，还是什么"原配"。

第二套丸药："败鼓皮丸"。一吃就是一百多天。

第三套：点在舌尖的"神丹"，其实也没有什么神奇，到这里，父亲已经开始怀疑陈莲河的医术了，摇头是因为实在太贵。

第四套：前世的事。这完全就是瞎扯了，公然的欺骗。父亲可能已经不再信任陈莲河了，沉思了一会儿，又摇摇头。

父亲就这样活活被两位"名医"——庸医给治死了，而且还被耗尽了家财。通常情况下，作者大多会将指责与愤怒蕴藏于文字之中，但鲁迅先生在本文中自始至终都是十分冷静地叙述，非常平静地议论：

（1）凡国手，都能够起死回生……这就是中国人的"命"，连名医也无从医治的。

（2）中西的思想确乎有一点不同。……但这先生自然是西医。

文章以"父亲的病"为主线，表面看来，语言波澜不惊，其实处处暗含着对那些所谓的名医激愤的批评和辛辣的讽刺，并通过家庭的变故，让人体会到人生的伤悲。

也正是因为父亲的病，因为庸医的坑蒙拐骗，鲁迅先生后来远赴日本学习西医，学习现代医学。当然，他最终弃医从文，救国救民。这是后话。

这便是"梳理式"的备课，就是对文章的内容进行简要的梳理。当时之所以选择这样的备课方式，现在想来，主要是由《朝花夕拾》的内容和形式决定的：各自成篇的散文，而且不容易读懂。通过这样的梳理，既能让自己更好地把握主旨，也能让学生更好地读懂鲁迅的作品。沈从文的《湘行散记》，在备课时，我采用的也是这样的方式。

二、与核心素养同行

说实在的，课堂上的导读，我其实就是按照写好的教案进行讲解而已。只是这样的讲解，往往会根据班情和氛围作适当的取舍。但有一点是不变的，那就是紧扣"核心素养"不动摇。

为行文方便，这里先将"核心素养"略作解释。核心素养，全名为"中国学生发展核心素养"，主要指学生应具备的，能够适应终身发展和社会发展需要的必备品格和关键能力。它以培养"全面发展的人"为核心，分为文化基础、自主发展、社会参与三个方面，综合表现为人文底蕴（人文积淀、人文情怀和审美情趣）、科学精神（理性思维、批判质疑、勇于探究）、学会学习（乐学善学、勤于反思、信息意识）、健康生活（珍爱生命、健全人格、自我管理）、责任担当（社会责任、国家认同、国际理解）、实践创新（劳动意识、问题解决、技术应用）等六大素养，具体细化为国家认同等18个基本要点。

下面，我将结合《海底两万里》的一些片段，作简要阐释。

内容：鹦鹉螺号在红海上劈波斩浪。尼摩艇长跟"我"介绍红海得名的原因和他发现从红海通往地中海的地下通道"阿拉伯隧道"的经过。

片段："教授，使我发现这条只有我一人认识的海底地道的，是一个生物学家的简单推理。我曾经注意到，在红海中和在地中海中有某一些完全相同的鱼类，比如蛇鱼，车鱼，绞车鱼，簇鱼，愚鱼，飞鱼。我确定了这事实，我就问，在这两个海中间是不是有交通路线的存在。如果有交通路线存在，地下水流仅仅由于两海的水平面不同,必然要从红海流到地中海。因此我在苏伊士附近打了很多鱼。我把铜圈套在鱼尾上,然后把鱼放入海中。几个月后,在叙利亚海岸,我找到了一些我从前放走的尾上有铜圈的鱼。因此两海之间有路可通的想法就得到了证明。我利用鹦鹉螺号(诺第留斯号)去找寻这条通路,终于把它发现了,我也冒险走过去了。教授,不久您也要通过我的阿拉伯海底地道!"

从鱼类的相同,猜测有交通路线的存在,继而又用鱼来验证,还冒险用潜艇来穿越。我们对尼摩船长敬佩得五体投地。

细心观察,大胆假设,实物验证,亲身实践——这是一种严谨的科学实验。这种科学精神,是一个现代人更应具备的一种素养。

《海底两万里》(还包括《骆驼祥子》《红岩》等小说)的导读,我采用的便是"点面式"。它一般包括内容简介和片段赏析两个部分。

在片段的选择和赏析上,我往往是从"核心素养"切入,并从"核心素养"走出。比如上面的《红海》一文,我主要紧扣了"科学精神"这一素养。也就是说,我们可以把"核心素养"这一"必备品格和关键能力",根据具体的内容,潜移默化、自然而然地渗透到名著导读之中,让学生阅读名著的过程,成为发展核心素养的过程。

三、距离"整本书阅读"有多远

我曾和一位语文老师闲聊。我问她:你关于"整本书阅读"的文章,写了这么多的"案例",你们班学生中,手头有这些书的人有多少?这位老师似乎有些尴尬。她说,很少学生手头有书。

我想追问,但没有追问:既然绝大多数学生手头无书,你在班上又怎么能让学生实施"整本书阅读"呢?看你文章里写得有鼻子有眼,说起来头头是道的,那不是你的一种"美丽的臆想"吗?

这位老师实际上说出了当前"整本书阅读"的一个基础性问题。我本人在这方面所遇到的,也是基础性问题:学生并没有真正地走进名著,甚至还有一些学生手头还没有这些必读和选读的书。

这些基础性问题，本文的第一部分已做了简要的说明。这里，我想说的是，学校要实行名副其实的全员性的整本书阅读，必须多方施力，齐抓共管。

一是家长的高度重视。孩子的父母不光是要认识到名著阅读的重要性，还应当为孩子的阅读创造必要条件，让孩子有书可读（买书），有时间阅读（少报培训班，不增加课业负担），最难得的是言传身教、亲子共读。当然，在这方面，学校可以通过家长会、微信公众号、QQ群、致家长的一封信等方式进行适当的引导。

二是校长的整体设计。校长应成为学生"整本书阅读"的设计师。校长应从师资配备、课程设置、教学研究、评价体系等方面进行全局的设计，从课程的角度来落实名著阅读这门课程（名著阅读，本来就是一门课程，但许多学校并没有把它当作课程）。

三是教师的专业引领。教师不光是自己能完整地读、精彩地讲，还应当能通过有效的管理、专业的引领，让更多的学生甚至是全体学生能够"连滚带爬地读""绞尽脑汁地想""挖空心思地用"。因此，无论是语文教师还是名著导师，在"读"和"导"两个方面，要走的路还很长。

四是试题的有效引导。高考是指挥棒，中考也是指挥棒，甚至区域内的期末考试也是指挥棒。如何引导学生阅读名著，各级语文教研员也应当走进名著，琢磨命题形式，确保适当分值，以期用考试这根指挥棒引导教师和学生重视名著阅读，提升文学素养。

"蒹葭苍苍，白露为霜。所谓伊人，在水一方。溯洄从之，道阻且长。"名著导读，整本书的阅读，我们才刚刚起步。

教师视角下的名著阅读

名著阅读，利国利民；名著阅读，时不待我。但本文和下文阐述的重点，并非一味强调名著阅读的重要性和必要性，而是尝试从实际操作层面，对教师和学生双重视角下的整本书阅读进行简要分析。这样的分析，是为了更好地推动名著阅读，也是为了名著阅读在中小学校能广泛持续地落地生根、开花结果，更是让更多的中小学生在名著阅读的过程中提高效率，获得益处，得到精神的滋补和情操的陶冶。

一、课程视角

名著阅读是语文教学的一项刚性要求。语文课程标准指出："（使学生）具有独立阅读的能力，注重情感体验，有较丰富的积累，形成良好的语感。学会运用多种阅读方法。""九年课外阅读总量应在400万字以上。"其中，初中阶段阅读总量不少于260万字。试想一下，如没有"量"的保障，便无法实现"质"的提升，"能力""体验""积累""语感""方法"等方面的优化便无法得到保证。

语文课程标准还指出："培养学生广泛的阅读兴趣，扩大阅读面，增加阅读量，提倡少做题，多读书，好读书，读好书，读整本的书。鼓励学生自主选择阅读材料。"自统编本教材出版使用以来，"整本书阅读"得到了进一步重视。但是，我们必须看到，语文课程标准的"理想很丰满"，而中小学生（特别是乡村学生）实际阅读现状却依旧令人担忧。"少做题，多读书"的顶层设计并没有得到真正的落实，中小学校（尤其是乡村中小学校）基本还在延续着

"只做题，不读书"或"多做题，少读书"的题海战术惯性思维。

在笔者看来，学生的名著阅读，唯有从课程视角出发，在师资、课时、策略、考查等方面齐头并进，名著阅读才能逐步达到要求。

二、素养视角

"素养"一词，在语文课程标准里出现频率很高，比如"语文课程应致力于学生语文素养的形成与发展。语文素养是学生学好其他课程的基础，也是学生全面发展和终身发展的基础"。语文素养，在课程标准里具体包括：（1）热爱祖国语文的思想感情；（2）具有适应实际需要的识字写字能力、阅读能力、写作能力、口语交际能力，也就是通常所说的听说读写能力；（3）提高品德修养和审美情趣，逐步形成良好的个性和健全的人格，促进德、智、体、美的和谐发展。名著阅读，必须也必然是发展学生语文素养的一个重要手段。

随着《中国学生发展核心素养》的发布，名著阅读的价值和地位也应当得以提升。中国学生发展核心素养，以培养"全面发展的人"为核心，分为文化基础、自主发展、社会参与三个方面，综合表现为人文底蕴、科学精神、学会学习、健康生活、责任担当、实践创新等六大素养。事实上，教材推荐（不仅仅是教材推荐）的名著里，均在不同程度上体现了这些素养。

比如，《朝花夕拾》里，《从百草园到三味书屋》里关于泥墙根一带的描写，就包含着作者的审美情趣，属于一种人文底蕴。《阿长与〈山海经〉》中对长妈妈的人文关怀，也属于一种人文底蕴。《藤野先生》一文中，对留学生的批判，包含了科学精神、责任担当等素养；对藤野先生朴实厚道、待人真诚、严谨治学的赞美，就包含了人文底蕴、学会学习、责任担当（社会责任、国家认同、国际理解）等素养；而作者弃医从文的选择，更是一种责任担当的具体表现。

再比如《海底两万里》，几乎包括了人文底蕴等六大素养。只是限于篇幅，这里不便细说。

可以说，只要稍作分析，每部名著里都会有丰富的素养资源可供挖掘。这些素养资源，学生在自主阅读时可以感受和感悟，教师在名著导读时更可以提示和提醒。

三、减负视角

当前中学生的课业负担重,这是不争的事实。作为名著阅读,我们也必须站在减负的视角去思考。个人认为,可以从两方面来谋划。

一是作品数量上的精简。比如,七年级上册教材指定了6本名著,《朝花夕拾》《西游记》两本为必读书目,这是不能精简的;《白洋淀纪事》《湘行散记》两本,《猎人笔记》《镜花缘》两本,这4本选读书目,分别可以二选一。当然,如果学生本人有兴趣、有时间、有能力,这6本书都可以拿来阅读。

二是单本阅读上的减负。比如《西游记》的阅读。教材建议,《西游记》这样的古典小说,适合"精读"与"跳读"并用的阅读方法。但如何精读,如何跳读,尤其是后者的取舍,七年级学生大多无法实施。因此,我们可以告诉学生,不妨从三个方面来跳读:

(1)生字词的跳读:因为该书的生僻字太多,阅读时遇到生字词,不妨跳过;有的生字词出现频率较高,可以查阅。

(2)句段的跳读:较大篇幅的环境描写、人物描写和打斗场面描写等,属于"说书人"惯用的渲染夸张手法,跳读过去,不影响对故事情节和人物形象的理解。

(3)章回的跳读:该书的第三部分(13—100回),叙述九九八十一难,在内容情节方面,雷同的部分有很多,读者可以跳过一些章回。

再比如《白洋淀纪事》也可以通过选读部分篇目的方式,来实现减负的目的。

四、适度视角

减负,侧重于数量的减少;适度,侧重于深度的把握。这种适度,应符合学生的年龄特点,符合学生的阅读经验。深了,学生理解不了;浅了,阅读效果打折扣,阅读兴趣难持久。因此,从教师角度来看,在导读时应尽可能地让更多的学生能够"跳一跳,能摘到"。

比如《朝花夕拾》里,《狗·猫·鼠》《二十四孝图》《范爱农》等文章,很多学生读不懂。但如果教师能把相关文章和作者的生平经历结合起来进行导读，便降低了阅读难度；同时还能更全面、更有序地了解作者的思想脉络。但个人认为，教师对作品内涵无须过多地解读，学生能了解文章内容及作者的基本思想即可。这种判断是基于学生的年龄特点和阅读经验的。

《哈利·波特与死亡圣器》是哈利·波特系列小说的第七本，此前有《哈利·波特与魔法石》《哈利·波特与密室》《哈利·波特与阿兹卡班的囚徒》等6本，该系列作品尽管都能独立成书，但其人物之间的关系却一脉相承。读者突然进入《哈利·波特与死亡圣器》，会时常感到莫名其妙。因此，教师的导读必须做到心中有数，铺垫有效。

五、共鸣视角

所谓共鸣视角，简单地说，就是教师的导读，能够尽可能地将自己对作品的理解，通过点拨、提示等形式，引起更多学生的共鸣，从而加深对作品的理解，对主题的把握，以及对养料的吸收。

比如《海底两万里》中有这样的描述：

我看见有四具尸体——四个男子，其中一人站在舵边。还有一个妇人手中抱着一个小孩，在船尾眺板格子上站着。这妇人还年轻。有诺第留斯号的电光的照亮，我可以看出她那还没有被海水所腐蚀的面容。她作最后绝望的努力，把小孩举在她头上，这可怜的小生命正把两只小手抱着妈妈的脖子呢！

——第一部第十八章《太平洋下四千里》

此段，笔者导读如下：

在太平洋海底，"我"目睹了一起海难事故的惨烈场面。精细、逼真的场面描写让人唏嘘不已。也是在这段描写里，年轻女子用尽最后力气，把孩子举过头顶，让人感动，这是一种人性的光辉，一种母爱的伟大。舵手的冷静与严峻，也体现了他们的一种职业精神：在死亡面前，从容淡定。这段描写表现出作者对历史上所有海难的追思和哀悼，也表达了作者独有的人文情怀。

这样的点拨，期待能与更多的学生产生思想共振、心灵共鸣。

学生视角下的名著阅读

一、童心视角

童心视角，与成人视角相对应。一些作品、一些内容、一些细节，也许在成人眼里很寻常，而在学生眼里很新奇；相反，一些作品、一些内容、一些细节在儿童眼里，也许很正常、很自然，而在教师的心中，会很深奥。也就是说，名著导读时，我们应当遵循顺其自然的原则。

喜欢"好玩的东西"，是几乎所有儿童的共性。学生也许因为作品中的某一处、某一段好玩，便喜欢上了整部作品。教师如果能把文学作品中"好玩"的内容适当"翻"出一些，让学生提前感受，也许就能够达到四两拨千斤的导读效果。比如鲁迅的《狗·猫·鼠》，大多学生因为读不懂，故而不愿读。但是，教师可以把该文中"狗和猫便成了仇家""猫是老虎的先生"这些有趣的童话故事讲一讲，以此激发学生阅读此文的兴趣和信心。

作为进入青春期的少年，独立性在不断增强，他们往往更喜欢自己去摸索和探索，而不喜欢成人过多的介入。这也就意味着，教师的导读点拨应能少则少，能无则无。何况，学生的阅读，教师永远是无法替代的，也是永远无须替代的。

马斯洛需求层次理论告诉我们，"尊重""自我实现"分别为人的需求中第四和第五层次。从名著阅读这一活动出发，学生更希望能把自己对作品的理解与别人分享，得到他人的尊重和赞美。因此，教师可以适当开展一些阅读交流、阅读表演等活动，这样既可以满足学生的心理需求，还可以碰撞出更多、更美的思想火花。

二、差序视角

"差序"一词，源于《乡土中国》一书。该书中"差序格局"之说，旨在描述亲疏远近的人际格局，就像水面上泛开的涟晕一样，从自己出发，不断延伸开去，一圈一圈的，按距离自己的远近来划分亲疏。

在笔者看来，包括中学生在内的所有读者，在阅读时都会有这种"差序格局"：喜欢的，不太喜欢的；能读懂的，不太能读懂的。也就是说，所有的读者，往往会根据自己的阅历、自己的喜好、自己的基础，去选择文学作品来阅读。显然，这与我们通常所说的"必读"，包括所谓的"选读"，产生了一定的矛盾。因而，学生的阅读大多是在带有一定强制性的情况下去"必读"和"选读"的。教材上推荐的书目，你都得读下去，而且最好是都能读完、能读懂。

同一个班级，因为家庭教育、生活经历、学习习惯、教师教学等的不同，学生之间的阅读速度、阅读品质也会有很大的差距。这就意味着，教师的导读必须因材施教、因势利导，不能统一标准、统一要求。比如一个学期内，我们可以根据学生的实际阅读能力，分为6本、4本、2本三个层次，让学生根据各自的基础和需求去选择、去调整。同样的道理，同一部作品，我们鼓励学生整本地阅读，但也允许一些学生从实际出发，去选读部分章节或部分篇目。实践证明，这种弹性要求，更适合于学生阅读的"差序格局"。

三、多元视角

鲁迅先生说："一部《红楼梦》，经学家看见《易》，道学家看见淫，才子看见缠绵，革命家看见排满，流言家看见宫闱秘事。"这说的便是阅读的多元视角。

比如猪八戒，大多读者都会认为他好吃懒做，爱占便宜，贪图女色，敌我不分；但也有读者认为他性格温和，憨厚单纯，忠心耿耿，言听计从。在更多人眼里，孙悟空神通广大，最值得敬佩；但在一些孩子眼里，猪八戒蠢蠢呆呆，最为可爱。

再比如《镜花缘》，在成人眼里，人物繁多，读来麻烦；"论学说艺，数典谈经，连篇累牍"（鲁迅语），作者有卖弄、拼凑之嫌。但在许多学生的眼里，奇人异事，奇风异俗，亦真亦幻，饶有情趣。

"一千个读者，便有一千个哈姆雷特"。尤其是对于正处于想象力丰富、创造力旺盛的初中生来说，教师应充分尊重他们的喜好和评价，不要轻易地给人物形象贴标签，给作品主题定调子。但是，这并不意味着让学生的评价天马行空、五花八门。教师既要有开放的心胸，也要有基本的判断；既能够放得开，又能够收得拢。因此，教师的导读，必须建立在个人熟读的基础之上，否则，难以驾驭导读课堂。

四、有用视角

实用主义，并非成人的专利。"是否有用"，往往也直接影响到学生的选择。这种"有用"，既包括心理方面的，比如，某部文学作品能满足这些少男少女的某种心理需求；也包括学习方面的，比如，能从中学到一些东西，对作文有一定的帮助，对考试有实际的作用；等等。

比如柳青的《创业史》，对于当下的少年来说，想读进去，其实有点儿难。因为这本书所写的内容主题，是新中国成立不久，以一个叫梁生宝的陕西青年成立互助组、合作社为线索，来表现中国农村社会主义改造进程中农民思想认识的不断转变。"阶级斗争"是本书的一个重要主题，内容也没有多大悬念。显然，这难以吸引学生的眼球。但如果我们选择从"创业"二字出发，引导学生从中获取吃苦耐劳、团结一心、百折不挠等核心价值，也许可以收到较好的阅读效果。

应试，这是无法回避的一个问题。如果只是让学生泛读，即便把整本书读完，也难说可以从容应试。因此，教师要研究命题的形式和走向，在学生阅读之后，从应试的角度进行一些梳理和归纳，这也是"刺激"学生阅读的一个好办法。

五、简化视角

整本书阅读,当然要读完整本。但要求学生本本都读完,又没有那么多时间;本本都读懂,对于大多数学生来说恐怕很困难;尤其是乡村学生,阅读的习惯、基础、能力的确不敢恭维。专家们提出可以"连滚带爬"地阅读,这不失为一种解决问题的办法,但哪里该"滚",哪里该"爬",哪里该"立",哪里该"跑",需要一定的技术指导。同时,对于基础薄弱的学生来说,恐怕连"滚爬"的勇气和信心都缺乏:望而生畏、无动于衷、敷衍了事、装模作样的学生不在少数。这绝非夸大其词、危言耸听——只要到农村学校来作一点调查研究,便明了真实的情况。

"删繁就简三秋树,领异标新二月花。"从学生角度看,阅读内容需要简化;从教师角度看,学生负担需要减轻。这既考验教师的情怀,也考验教师的智慧。

整本书阅读个性化攻略

2017年秋季，笔者开始从事名著阅读的教学和研究，用"陪你读名著"的方式尝试了一些导读实践，并逐渐形成了"统编本·初中卷"36本名著的个性化导读攻略。具体攻略请看表2-1：

表2-1 "统编本·初中卷"36本名著个性化导读攻略

序号	册别	书名	攻略	文题
1	七上	《朝花夕拾》	搭桥式	搭建通往《朝花夕拾》的桥梁
2	七上	《白洋淀纪事》	选读式	选我所荐，读你所爱
3	七上	《湘行散记》	散读式	"散读"而"聚思"
4	七上	《西游记》	跳读式	《西游记》不妨这样"跳读"
5	七上	《猎人笔记》	对话式	写给《猎人笔记》里的人们
6	七上	《镜花缘》	主线式	主线不放，纲举目张
7	七下	《骆驼祥子》	批注式	我的阅读我做主
8	七下	《红岩》	倾听式	用心倾听英雄话语，深刻感受"红岩精神"
9	七下	《创业史》	零整式	化整为零，化零为整
10	七下	《海底两万里》	快读式	带着问题，有所关注
11	七下	《基地》	概括式	概括作桥梁，天堑变通途
12	七下	《哈利·波特与死亡圣器》	麻瓜式	你是哈利，我是麻瓜
13	八上	《红星照耀中国》	摘要式	摘其要点，辨其观点

续表

序号	册别	书名	攻略	文题
14	八上	《长征》	梳理式	苦不苦,想想长征二万五
15	八上	《飞向太空港》	报告式	关注"飞天"的台前幕后
16	八上	《昆虫记》	科普式	在轻松愉悦中感受科学精神
17	八上	《星星离我们有多远》	问天式	"量天尺"与"量天人"
18	八上	《寂静的春天》	系统式	阅读《寂静的春天》,培养系统式思维
19	八下	《傅雷家书》	整体式	品读《傅雷家书》,成为完整的人
20	八下	《苏菲的世界》	双轨式	阅读《苏菲的世界》,走进哲学的世界
21	八下	《给青年的十二封信》	用心式	用心品味《给青年的十二封信》
22	八下	《钢铁是怎样炼成的》	读心式	保尔的心声,生命的强音
23	八下	《平凡的世界》	双线式	平凡的世界,青春的赞歌
24	八下	《名人传》	平视式	怀着平常心,走进《名人传》
25	九上	《艾青诗选》	品读式	揣摩"黎明",品味"太阳"
26	九上	《泰戈尔诗选》	区分式	"新月"曲如眉,"飞鸟"相与还
27	九上	《唐诗三百首》	四读式	熟读精思,融会贯通
28	九上	《水浒传》	章回式	按章回特点,读梁山好汉
29	九上	《世说新语》	价值式	学名士风范,美自我品行
30	九上	《聊斋志异》	人情式	读懂《聊斋》里的人情味
31	九下	《儒林外史》	连缀式	读懂"儒林"里的人性
32	九下	《围城》	主角式	方鸿渐的那些糗事和囧事
33	九下	《格列佛游记》	童话式	跟着格列佛,一起去旅行
34	九下	《简·爱》	情感式	走进简·爱的情感世界
35	九下	《契诃夫短篇小说选》	主旨式	契诃夫笔下的小人物
36	九下	《我是猫》	换位式	猫眼里的众生相

下面分享两个导读案例：

一、写给《猎人笔记》里的人们
——初中名著阅读个性化攻略之对话式

《猎人笔记》是俄国作家屠格涅夫的一部以猎人的身份，记述19世纪中叶俄罗斯农村生活的随笔集。它以一个猎人的行猎为线索，刻画了地主、管家、贵族、农奴等众多的人物形象，真实地展现了俄国农奴制下各阶层人民的生活状况。

该书由25篇小故事组成，每篇刻画了一两个性格迥异、生活状况各不相同的人物。篇目之间，人物之间，大多没有内在的联系。作为一部外国作品，因为文化的差异，阅读起来难免会有一种疏离感。因此，此类作品，我们不妨采用"对话式"的阅读方法，来加深对作品的理解。

这里所说的对话式阅读，是指以第二人称的写法，读者将自己对作品中某些个性鲜明、给人深刻印象的人物的评价，或直接、或委婉地表达出来，从而增加对作品人物和作品主旨的理性认识。

（1）写给雇农霍里。（内容略）

（2）写给"县城里的医生"。（内容略）

（3）写给护林人"孤狼"。（内容略）

（4）写给亡者马克西姆们。（内容略）

（5）写给没落贵族切尔托普哈诺夫。（内容略）

（6）写给猎人——屠格涅夫。

> 回去吧，快快回到那片无垠的原野，
> 那儿的泥土绵软得像天鹅绒，油黑发亮，
> 那儿的黑麦一望无际，
> 静静地泛起如水的波浪，
> 天空中洁白透明的云朵中央，
> 倾泻下沉甸甸的金黄色光芒，
> 那是令人神往的好地方……

敬爱的屠格涅夫，请允许我也用你想要焚烧的诗稿作为本文的尾声吧。此时，我不知到底称呼你为作家，还是称呼你为猎人——其实，这又怎么能分得开，辨得明呢？

作为猎人的你，正如你所说的那样："背着枪，带着猎犬出去游猎，本身就是一件其乐无穷的事。可能您生来不十分喜爱打猎，但您总该热爱大自然，向往自由吧。"是的，大自然和自由，本是所有人应享受的，然而，总会有一些人，出于身份或身体等原因，竟然无法拥有。

比如，你在《活骷髅》一文中写到的露凯丽娅，这个曾经是你家所有女仆中最为美貌、能歌善舞的女子，因为摔了一跤，从此便站不得，坐不得，整天只能在床上躺着，一躺就是六七年，村里人都叫她"活尸"。尽管她不哀叹，不抱怨，但她终究是失去了享受大自然的权利。至于自由，她更不用奢望了。

比如你在《彼得·彼得洛维奇·卡拉塔耶夫》一文中写的马特廖娜，彼得和她一见钟情，但因为她是别人家的一个女奴，而且她的女主人又是个蛮不讲理的老太婆。老太婆，不，老妖婆说，她立过一条家规，不放任何一个仆人去伺候别人，这种事不成体统，有失体面，有伤风化，败坏家风。这不完全是胡扯吗？也正是这种无厘头的逻辑，让马特廖娜无法拥有自由，也让彼得最终失去爱情。

再比如你在《白氏草场》一文里写到的五个牧马少年的深夜篝火故事会。那里如此静谧，"四周一切都酣然入梦，万籁俱寂。只是有时从附近的河流中传来大鱼跃出水面浪花飞溅的声响，岸边的芦苇被涌动的波浪轻轻地冲击着，瑟瑟作响，两堆篝火噼噼啪啪地演奏着单调枯燥的小夜曲"。孩子们如此自由自在。然而，你在文章结尾写道："可惜的是，我必须补充一句：巴普鲁沙就在这一年夭折了。他不是溺水身亡的，是坠马身亡的。这个乖巧的孩子的死让人十分惋惜！"巴普鲁沙拥有自由，却失去了生命。

好了，不能再多作列举了。你——猎人也好，作家也罢，大部分时候你以一个游历者、旁观者、记录者的身份而存在。然而，字里行间始终保持着一种对农奴制度的批判，对苦难意识形态的同情，对地主、贵族们表面文明仁慈实际野蛮残暴本性的揭露。在我看来，《猎人笔记》貌似平和优雅，其实绵里藏针，甚至还有人称它是射向俄国社会农奴制度的"一阵猛烈的炮火"，是"一部点燃火种的书"。无论怎么评价，作为读者的我，由衷感谢您为我们留下了这部伟大的著作，让我们在领略俄罗斯美丽风光的同时，还真切地体会到俄罗斯人民的质朴、勇敢、坚韧和乐观。

二、用心倾听英雄话语，深刻感受"红岩精神"
——初中名著阅读个性化攻略之倾听式

《红岩》是一本红色经典读本。该书讲述了中华人民共和国成立前夕，重庆地区的地下党人英勇斗争的故事。阅读《红岩》，读者可以欣赏到地下工作者化装侦探、暗号接头、情报传递等跌宕起伏的情节，更可以感受到革命英雄们坚持真理、无私奉献、团结一心、舍己为人、坚强不屈的"红岩精神"。这，应当是阅读该书与其他名著的不同之处。

言为心声，革命英雄的话语，往往散发着理想的光芒；言行一致，一个真正的革命英雄一定能够言必信、行必果，百折不挠，一往无前。下面，我们试图采用"倾听式"的阅读方法，用心倾听革命英雄的话语，深刻感受他们身上所具有的理想信念。

（1）用心倾听英雄的话语中丰富的斗争经验。

（2）用心倾听英雄的话语中积极的担当精神。

（3）用心倾听英雄的话语中钢铁一样的意志。

（4）用心倾听英雄的话语中大无畏的牺牲精神。

（5）用心倾听英雄的话语中坚定的革命信念。

英雄的话语里，还有着忘我的工作精神，如，成岗"要印得又多又快……"

有着纯粹的革命友谊，如，成岗"致以革命的敬礼"！对方（刘思扬）回复："紧紧地握你的手！"

有着对自由的美好向往，如，"'那时候，你画一张——'成岗抬起头来，衷心地说，'你要画一张祖国的黎明。'"

有着革命乐观主义精神，如狱中联欢庆祝新年。

有着充满柔情的人性之美，如，一个新的生命降生在监狱里，狱友们对婴儿关爱有加，并取名为"监狱之花"。

有着丰富的斗争智慧，如，华子良长期装疯，骗过敌人；刘思扬仔细观察，发现隧道里关着人，后来知晓隧道里关着许云峰等。

在笔者看来，以上所有的一切，更多的是因为英雄们有着坚定的革命信念。关于革命信念，在书中每一个章节几乎都有呈现。下面略举一二。

"嗯，一直跟着妈妈。可是我从来没见妈妈流过眼泪。妈妈常常对我说：'孩子，快长大吧！红军一定会回来的！血仇要用血来报，剩下孤儿寡妇，一样闹革命！'妈妈说的对，现在妈妈不是又上山打游击去了！听说她现在作了司令员咧！"（第四章）

这是华为对江姐说的话。在华为很小的时候，爸爸就被敌人捉去，母子俩认为爸爸早就牺牲了（其实，华为的爸爸就是华子良）。娘儿俩始终都有一个坚定的信念："红军一定会回来的！"正是这种信念，让他们一个成为英雄的妈妈，一个成为英雄的儿子。

"我受谁利用？谁都利用不了我！信仰共产主义是我的自由！他从来没有听过这样无理的话，让党和自己蒙受侮辱，这是不能容忍的事，当然要大声抗议那个装腔作势的处长。"

……

"阶级出身不能决定一切，三民主义我早就研究过了，不仅是三民主义，还研究了一切资产阶级的理论和主义，但我最后确认马克思列宁主义才是真理。"（第十一章）

刘思扬，乃是"资产阶级出身的三少爷"。他不必为生活所累。但他始终信仰着共产主义，坚信马克思列宁主义，坚信共产党。这便是信仰和信念的力量。后来，他在监狱里不折不挠，经得起诱惑，为解放事业献出了宝贵的生命。

……

英雄们的这些话语，我们可以勾画，可以批注，可以朗读，甚至可以背诵。因为这些话语，代表着无数革命先烈、仁人志士，在推翻旧世界、建立新社会的艰苦卓绝的斗争中发出的共同心声。

　　这些话语,在今天这个和平年代,仍然有着不可磨灭的光辉和力量。这些话语,能够时刻激励着我们尤其是青少年们,坚持理想信念,坚定意志信心,继而用以克服学习、工作、生活中的各种困难。这便是红色经典给予我们的精神养料,也是我们用这种"倾听"的阅读方式所收获的非物质遗产。

在名著阅读中培植爱国情怀

名著，是一座知识宝库，是一座精神家园。这宝库和家园，蕴含着丰富的人文底蕴、科学精神、学会学习、健康生活、责任担当、实践创新等素养种子。走进这座宝库和家园，培植学生的爱国情怀大有可为。下面，笔者结合《新时代爱国主义教育实施纲要》（以下简称《纲要》）及初中语文教材要求学生阅读的部分名著作简要阐述。

一、在名著阅读中，传承和弘扬中华优秀传统文化

《纲要》指出："对祖国悠久历史、深厚文化的理解和接受，是人们爱国主义情感培育和发展的重要条件。要引导人们了解中华民族的悠久历史和灿烂文化，从历史中汲取营养和智慧，自觉延续文化基因，增强民族自尊心、自信心和自豪感。"

◎读《世说新语》：学名士风范，美自我品行。

《世说新语》是南朝宋刘义庆所撰写的文言志人小说集。该书主要记载东汉后期到魏晋间一些名士的言行与轶事，分为德行、言语、政事、文学、方正等36篇，共1130则。笔者推荐的是一种"价值式"的阅读方法，以求从中挖掘能指导我们修身、求学、做人等方面的价值。比如"德行第一·四〇"：

殷仲堪既为荆州，值水俭，食常五碗盘，外无余肴，饭粒脱落盘席间，辄拾以啖之。虽欲率物，亦缘其性真素。每语子弟云："勿以我受任方州，云我豁平昔时意，今吾处之不易。贫者，士之常，焉得登枝而损其本！尔曹其存之。"

德行，指人的道德品行。其内容包括儒家所提倡的忠孝节义、仁信智礼等道德规范。殷仲堪作为荆州刺史，赶上水涝歉收，不因自己是大官而觉得高人一等，反而处处做好人民表率。每天只吃当时流行的"五碗"，没有别的饭菜。饭粒掉在餐桌上，就捡起来吃掉。他常常告诉子弟们："不要因为我出任大州的长官，就认为我会把原来的操守丢弃。我现在处在这个位置也没有改变。清贫是读书人的本分，怎能一登上高枝，就抛弃根本呢？你们一定要记住我说的话。"勤俭节约，安贫乐道，始终如一，这便是这则"新语"给予我们的价值。

鲁迅曾称赞《世说新语》，是"一部名士底（的）教科书"，并称其"记言则玄远冷隽，记行则高简瑰奇"。虽然时过境迁，相去甚远，但汲取精华，去其糟粕，我们可以借此学习名士风范，优化自我品行。这大概是《世说新语》给予新时代读者的精神养料。

初中阶段，中华民族传统文化类的书籍还包括《唐诗三百首》《镜花缘》《水浒传》《儒林外史》等。

二、在名著阅读中，弘扬革命精神，传承红色基因

《纲要》指出："历史是最好的教科书，也是最好的清醒剂。……要继承革命传统，弘扬革命精神，传承红色基因，结合新的时代特点赋予新的内涵，使之转化为激励人民群众进行伟大斗争的强大动力。"

◎读《长征》：苦不苦，想想长征二万五。

讲到长征，我们会想起毛泽东的一首同名诗："红军不怕远征难，万水千山只等闲。五岭逶迤腾细浪，乌蒙磅礴走泥丸。金沙水拍云崖暖，大渡桥横铁索寒。更喜岷山千里雪，三军过后尽开颜。"

长征有多长？累计总行程超过六万五千华里，其中红一方面军（即中央红军）走过的路程最长，约二万五千华里，即通常所说的"二万五千里长征"。

远征有多难？"十二个月光阴中间，天上每日几十架飞机侦察轰炸，地下几十万大军围追堵截，路上遇着了说不尽的艰难险阻，我们却开动了每人的两只脚，长驱二万余里，纵横十一个省。"（《论反对日本帝国主义的策略》）长征途中共进行几百次重要战役，其中，湘江战役、四渡赤水、飞夺泸定桥等战役

无比惨烈。单从战役角度看，就无比艰难。

长征，有何意义？《论反对日本帝国主义的策略》一文说得好："长征是宣言书，长征是宣传队，长征是播种机。"

读了上述一首诗、一段话，我们便对长征有了感性的认识。但具体情况如何，我们还得阅读王树增的《长征》一书（分上、下册）。

何谓长征精神？习近平同志《在纪念红军长征胜利80周年大会上的讲话》（2016年10月21日）中把长征精神概括为：

伟大长征精神，就是把全国人民和中华民族的根本利益看得高于一切，坚定革命的理想和信念，坚信正义事业必然胜利的精神；就是为了救国救民，不怕任何艰难险阻，不惜付出一切牺牲的精神；就是坚持独立自主、实事求是，一切从实际出发的精神；就是顾全大局、严守纪律、紧密团结的精神；就是紧紧依靠人民群众，同人民群众生死相依、患难与共、艰苦奋斗的精神。

走进《长征》，阅读《长征》，我们才能更真切、更感性地理解长征，理解长征精神。红色经典类作品，初中阶段还有《白洋淀纪事》《红岩》《红星照耀中国》《艾青诗选》等。阅读此类作品，培养爱国主义精神最为有益、最为有效。

三、在名著阅读中，感受吃苦耐劳、艰苦创业的精神

《纲要》指出："要唱响人民赞歌、展现人民风貌，大力弘扬中国人民在长期奋斗中形成的伟大创造精神、伟大奋斗精神、伟大团结精神、伟大梦想精神，生动展示人民群众在新时代的新实践、新业绩、新作为。"

◎读《创业史》：既是思想的改造，更是行为的跟进。

《创业史》是一本很厚重的书，而且它的时代特征还很鲜明。该书以中华人民共和国成立初期，中国共产党领导农民推翻了几千年来的封建制度，使农民得到了梦寐以求的土地为历史背景，以一个叫梁生宝的陕西青年成立互助组、合作社为线索，表现了中国农村社会主义改造进程中农民思想认识的不断转变。

他不知道世界上有什么可以叫做"困难"！他觉得：照党的指示给群众办事，"受苦"就是享乐。

这给生宝很大的鼓励：庄稼人尽管有前进和落后、聪明和鲁笨、诚实和奸猾之分，但愿意多打粮食、愿意增加收入，是他们的共同点。这就使得互助合作有办法，有希望了。大概党就是根据这点，提出互助合作道路来的吧？——想到这里，获得了新认识的年轻共产党员，兴奋起来了！

梁生宝式的创业，是坚信党的领导、坚信集体的力量、坚信劳动的作用，是胸怀理想、大公无私、吃苦耐劳等。梁生宝式的创业，集中体现了新中国成立初期中国农民创业的基本特点。

鲁迅先生说，中华民族自古以来就有埋头苦干的人，就有拼命硬干的人，就有舍身求法的人，就有为民请命的人，他们是中国的脊梁。梁生宝就是那个年代埋头苦干、拼命硬干的典型代表，他们无疑就是"中国的脊梁"。

《纲要》指出："我国知识分子历来有浓厚的家国情怀和强烈的社会责任感。"

◎读《飞向太空港》：关注"飞天"的台前幕后。

《飞向太空港》是一部报告文学，讲述了中国航天人第一次和国外（美国）科学家合作，用"长征三号"运载火箭把"亚洲一号"同步通讯卫星送入预定轨道过程中所发生的一系列的故事。该书记录了中国航天事业继往开来的辉煌时刻。

该书我们可以从三方面来感受航天精神："事件梳理：读懂新闻本身"；"背景了解：关注台前幕后"；"人物扫描：体验创业维艰"。

该书成功地刻画了许多航天人物，我们从中可以真切、细致地体验到"飞向太空港"的每一步，都是无数航天人日以继夜、殚精竭虑的辛勤付出。比如一位叫余福良的火箭专家，他15岁的女儿患有一种疾病，他却不能在身边陪她。为了保证"亚星"的发射成功，余福良白天黑夜连续攻关，他早就感到肚子疼痛，却一直顾不上去医院，一检查才发现已是直肠癌晚期……舍小家顾大家，弃小我为大我，在余福良的身上得到了充分的体现。

关于创业与航天方面的作品，还可以阅读《平凡的世界》《给青年的十二封信》《星星离我们有多远》等。

四、在名著阅读中，从不同文明中寻求智慧、汲取营养

《纲要》指出："一个国家、一个民族，只有开放兼容，才能富强兴盛。要把弘扬爱国主义精神与扩大对外开放结合起来，尊重各国历史特点、文化传统，尊重各国人民选择的发展道路，善于从不同文明中寻求智慧、汲取营养，促进人类和平与发展的崇高事业，共同推动人类文明发展进步。"

因篇幅所限，这里只开个书单：《猎人笔记》《苏菲的世界》《钢铁是怎样炼成的》《泰戈尔诗选》等。

"爱国主义是中华民族的民族心、民族魂，是中华民族最重要的精神财富，是中国人民和中华民族维护民族独立和民族尊严的强大精神动力。"开展爱国主义教育，需要我们在古今中外的优秀文化作品里去发掘，去利用。教师导读名著，学生阅读名著，用名著来浸润学生的心灵、塑造学生的人格、培植学生的爱国情怀，这是一条可行之路，也是一条可为之路，还是一条必经之路。

在名著阅读中渗透感恩教育

感恩教育,似乎是个伪命题。因为在我看来,感恩是无须"教育"的:"羊有跪乳之恩,鸦有反哺之义",连比人类低级这么多的动物,都懂得知恩、报恩,何况人类呢!

再说,"教育"也大多是"无用"的。即便场面是那么宏大,方法是那么出奇,演讲是那么感人,受众是那么感激涕零,但那一切大多是表象的,是暂时的,是无法真正直抵人心、留存心田的。

不过,作为家庭和学校,作为家长和教师,所谓的"感恩教育"又似乎不可或缺。因而剩下的办法,在我看来,无非两种:一种是身教,家长和教师做好孩子的榜样,当然不是为榜样而榜样,而是为人处世、待人接物,自然而然地熏陶;一种是阅读,让儿童在名著、名篇的阅读中,潜移默化、不由自主地受到感恩教育。

那些空洞的说教、作秀的表演、良苦的设计,永远无法与上述两种方式相提并论。

身教,自不必多说。这里单说阅读——关于名著阅读的渗透。

比如,《朝花夕拾》里的长妈妈。长妈妈,鲁迅先生儿时的一个保姆。然而,这个小人物却多次出现在先生的作品里。在《狗·猫·鼠》里已先写了她踏死"我"心爱的隐鼠,但她却说"隐鼠是昨天晚上被猫吃去了"。这让"我"开始仇恨花猫,进而仇恨"凡所遇见的诸猫"。在《阿长与〈山海经〉》里,阿长"喜欢切切察察",低声絮说什么时"还竖起第二个手指,在空中上下摇动,或者点着对手或自己的鼻尖";夏天睡觉又在床上写"大"字,挤得"我"没有翻身的余地；然而，长妈妈却给"我"弄来了朝思暮想的《山海经》。这让"我"对她有了新的看法："别人不肯做，或不能做的事，她却能够做成功。她确有伟大的神力。谋害隐鼠的怨恨，从此完全消灭了。"以至作者几十年后还如此感恩："仁厚黑暗的地母啊，愿在你怀里永安她的魂灵。"《从百草园到三味书屋》一文中也花了较大篇幅写长妈妈曾讲的美女蛇的故事。这其实也是一种知恩、感恩和报恩的表现。

再如，《海底两万里》里的孔塞伊和内德。当"我"收到海军部长的邀请函，将随同林肯号代表法国参加探险、考察那怪物的真相时，仆人孔塞伊不假思索地说："随先生尊便。"而且，"10年来，孔塞伊跟随着我到处进行科学考察。他从来不去考虑旅途遥远，鞍马劳顿"。后来，潜艇在驶离南极，被一大块倒下来的冰块砸到时，鹦鹉螺号遭遇了前所未有的大磨难。艇上储备的空气快要用完了。"我"在生命垂危之际，孔塞伊和内德两人不顾自身危险，把储气罐里还剩下的一点点空气，留给了我，把生命一点一点地输入我的体内。这样的情节非常感人，主人感恩于仆人，仆人回报给主人，一切都是那样的纯净自然，悄无声息。

这样的例子几乎所有的文学作品里都可以见到，包括小说《西游记》里的师徒四人，还有白龙马。

同时，知恩不报、恩将仇报的例子，在一些文学作品中也有许多。比如《骆驼祥子》里的阮明，还有祥子。阮明的老师曹先生，是个进步、正直的知识分子；作为学生的阮明整天忙于社会活动，功课不及格，却要求曹先生让他及格，曹先生没有答应，阮明便到党部诬告曹先生是"乱党"，这让曹先生如同丧家之犬。而阮明的命运呢？后来，阮明做了官，想用思想去换钱，而被祥子出卖了，并赔上了性命。正所谓"不是不报，时辰未到"。只是谁都没想到，阮明最后竟然栽倒在祥子身上。祥子，与其说是卖了阮明，不如说是卖了灵魂。连灵魂都可以出卖的人，他还有什么事情干不出来呢？祥子此前对待虎妞，对待刘四爷，其实也有知恩不报、恩将仇报的成分。

名著中关于知恩、报恩的例子自然数不胜数，学生完全可以凭借阅读去感知、去判断、去吸收、去扬弃。当然，如果家长或教师能够适当地给予提示或点拨，比如以《骆驼祥子》为例，提醒儿童思考：如果阮明善待曹先生，如果祥子善待虎妞及其父亲，也包括善待他自己，他们的命运会不会发生改变？

　　我想，通过名著阅读，去进行感恩教育，或许更能触动心灵。尽管这样做的效果会显现得缓慢一些，然而，这样的教育才可能是有效的教育。

关于名著阅读"推进课"的建构思考

名著导读课,大体有三种形态:一是启动课,二是推进课,三是分享课。如果说,启动课是"点火",那么,推进课就是"拨火",分享课则是"聚火"。在启动课的"点火"之后,推进课上如何将学生的阅读兴趣进一步延续,甚至使其更加旺盛呢?下面,笔者将从立足的基点、推进的维度、可用的策略,以及具体的问题设计,谈谈个人的看法。

一、立足的基点

(1)有一定的了解。在启动课上,通过教师的导读,也包括学生本人的翻阅,他们应当会对所读之书的作者、序言、目录、写作背景、主要人物、大致情节都有一定的了解。这对于正文的阅读,有一定的帮助,尽管这种帮助比较有限。

(2)有一定的涉入。在启动课上,教师应当对某本书的阅读进度有个大体的安排。比如,要求学生用4周时间将《钢铁是怎样炼成的》一书读完,那么两周后,也就是这节推进课上课之前,大多数学生会根据教师安排的进度来完成相应的阅读任务。因而,该节推进课应当是建立在大多数学生读完该书第一部的第1—9章基础之上的(全书共两部,每部各有9章)。

(3)有一定的困惑。无论是成年读者,还是未成年读者,只要读书,一定会对书里的某个情节或某个片段存在着一定的困惑。甚至可以说,读得越仔细,困惑便越多。但随着阅读的推进,某些困惑会随之消除,但因为文化、时空、作者的行文习惯以及读者本人的认知结构等,一些困惑仍然存在。

（4）有一定的差异。常言道，十个指头有长短。同一个班级里，四五十个学生，他们的阅读习惯、阅读速度、阅读质量，一定是参差不齐的。这便是整本书阅读的差异性。这种差异性，会使得我们推进课设计难度加大。但也正是这种差异性，使得我们的推进课有了一些层次和更多的精彩。设计推进课时，教师必须考虑这个因素。

（5）有一定的期待。只要是读进去书了，读者总会对情节的发展、人物的命运，有一种期待。这种期待，乃是因为读者在不自觉状态下，把自己的情感代入其中，正所谓"感同身受"。读者因此会有一种迫不及待的深入行进之感，巴不得马上把书读完，或者直接翻到书的结尾，提前了解结局。还有一种期待，就是一些学生希望能在课堂上交流、展示、碰撞、质疑、解难。这些期待，都会对这堂推进课产生一种正向的推动作用。

二、推进的维度

（1）热度的维系：兴趣与氛围。大凡拿到一本新书，抑或是经过了阅读启动课之后，大多数学生会对眼前的这本书产生一定的阅读兴趣。然而，随着时间的推移，出于自我耐心、阅读障碍、课业负担等主客观方面的原因，一些学生原有的阅读兴趣逐渐减少。因此，阅读推进课便有一个阅读内容之外的目标——维系个体的阅读兴趣和班级的阅读氛围。

（2）信度的监测：基础与习惯。启动课上，教师做了阅读安排，但学生实际读得如何，是随便翻翻、敷衍了事，还是真读细读、沉浸其中？这都需要教师采用一定的方式方法来了解。了解他们的阅读基础，了解他们的阅读习惯，了解他们的阅读实情。当然，这种"信度的监测"，不要局限于这节推进课，如能将学生"阅读痕迹"的检查与这节推进课的"课堂表现"有机结合，则效果更好。

（3）进度的督促：动力与精力。一本书，安排用两三周或更长时间读完，每一个学生的阅读进度如何？一些学生为何不能如期完成相应的阅读任务？这与阅读的内在动力有关，也与学生投入的精力有关，或者两者相互影响。在当前，要让学生有足够的时间来阅读名著，没有切实减轻课业负担，有可能陷入

"理想很丰满，现实很骨感"的尴尬境地。

（4）效度的提升：目标与方法。效度，即有效性。整本书阅读的效度，即是对该书阅读目标达成情况的判断。阅读目标，我们依然可以从"知识与能力""过程与方法""情感态度价值观"这三个维度来设置、评价。比如《钢铁是怎样炼成的》一书的阅读，应要求学生：①识记有关文学常识及写作背景；②简要概括作品的内容，理解作品所表达的主题思想；③能概述保尔的成长历程，分析人物性格特征；④学会摘抄和做笔记，养成良好的阅读习惯，提高阅读质量。阅读推进课，应当围绕这些目标来进行。

（5）深度的发掘：读懂与读通。一本书的阅读，就其效果而言，基本可分为四个递进层级：读过—读完—读懂—读通。同样以《钢铁是怎样炼成的》一书为例，若能达到上文所说的四个目标，就算"读懂"了；若能将作品主题、人物特点，与读者本人的生活、思想进行有效贯通，并能从中获得精神的养料和生活的启迪，则为"读通"了。阅读推进课，应当努力让学生读完、读懂、读通。

三、可用的策略

（1）答一答：基本信息。就文学作品而言，"答一答"的基本信息可以围绕时间、地点、人物、（事件的）起因、经过、结果等方面来设计问题，以此考查学生阅读的信度。此类问题的设计，应当立足于主要人物、主要事件，即应当让大多数学生阅读相关章回后能准确作答，而不应求偏求细、吹毛求疵。

（2）说一说：阅读感受。学生把一个章节或一个片段读完后，能及时地进行一些旁批，通过几个关键词或一两句话，记下自己真实的阅读感受。此类问题的设计，尽可能保持开放性，也就是说，具体片段不做限制，阅读感受力求真切。

（3）问一问：阅读困惑。问的主体，是读者，是学生。我们常说，提出一个问题，比解决一个问题更有价值。就整本书阅读而言，只要读进去了，提出问题并不困难。它可以是读者"读不懂"的问题，也可以是读者"想不通"的问题。某些问题，会有一些代表性，比如因文化差异而产生的阅读障碍；更多的问题，则偏于个性化。答的主体，可以是学生，也可以是教师；如果有些问题一时无法解答，也在情理之中。

（4）读一读：精彩片段。无论是文学作品还是科普作品，抑或是其他类型的作品，只要是称为"名著"，总会有许多精彩片段值得朗读、值得玩味。关于片段的选择，可以是教师的预制，也可以是学生的自选。朗读，力求准确、通顺、有感情；品味，可以围绕词句特点，但最好是围绕人物性格和思想内容。通过此环节，学生不断提高精读作品、鉴赏作品的能力。

（5）讲一讲：故事情节。这一环节的设计，主要用来检测学生的阅读效度，培养学生的概括能力和口头表达能力。选择的区域，可根据作品的具体情况确定其大小。比如，一个或几个章回，或一个章回中的某个部分。概括情节，应力求"六要素"具备，并努力做到语言简洁。

（6）猜一猜：事态发展。古典小说，每一个章回结尾总有"欲知后事如何，且听下回分解"一类的话语，其目的乃是为激发读者的阅读期待。阅读推进课上，教者也可以采用"猜一猜"的方式，比如猜情节发展、猜人物波折等，以此承上启下，迈向纵深。

需要说明的是，可用的方式方法自然不止以上这些，比如，我们还可以设计"画一画"（画出人物关系导图）、"理一理"（理清情节发展脉络）、辩一辩（辩论作者写作意图），等等。简而言之，只要能有效推进学生读完、读懂、读通名著的方法都可以使用。同时，阅读推进课可以随时进行，不要局限于一整节课，一些时候，用三五分钟、一两个问题、一两人展示，也可以有效推进。

四、问题的设计（以《钢铁是怎样炼成的》一书为例）

（1）答一答：请根据阅读理解，回答下面这三个问题。

①12岁的保尔失学后，在什么地方开始了他的劳动生活？后来，哥哥阿尔焦姆又在什么地方为保尔找了一份工作？

②保尔为了谁，去理发店剪掉了纠结的头发，并辛劳做工买下蓝衬衫和黑裤子？

③保尔在谁的影响下，走上了革命道路？

（2）说一说：请分别说一说阅读下面这两段话的心理感受。

①"是的。我已经看完六十八本了。每次领工钱的日子，我都要买五本。加里波第，真厉害。"保尔大声说，"真正的英雄！那才是我认为的真英雄。他打过那么多仗，总能打胜仗。而且，他走遍了全世界。如果他现在还活着，我就去投奔他，我发誓，一定会的。他把年轻的工匠都纳进他的队伍里，他们一起为穷人奋斗。"（第三章）

②没有人能忘记那可怕的三天两夜。在那个血腥的时刻，无数生灵被碾碎和砍杀，无数青年白了头，无数人流干了眼泪！很难说那些苟活下来的人更幸运——他们的灵魂孤寂无依，他们活在羞愧和耻辱的极大痛苦之中，他们被亲人永逝带来的难以言语的痛苦吞噬着。一些受尽折磨、遍体鳞伤的少女尸体，双手痉挛地向后伸着，静静地缩卷着躺在小巷里。（第四章）

（3）问一问：阅读本书时，你有哪些疑难与困惑？请提出来，大家一起帮你解决。

（教师预设）第三章中，维克托问冬妮亚："你喜欢那个爱情故事吗？"冬妮亚回答说："不喜欢。我已经开始读另外一个爱情故事了，比你给我借的那本书有趣多了。"维克托颇觉苦恼，慢吞吞地说："作者是谁呢？"冬妮亚回答说："没有作者……"如何理解"另外一个没有作者的爱情故事"？

（4）读一读：请根据书中的具体情境，有感情地朗读这两段话。

①其实，他心里舍不得离开这个地方，真是窝囊，以前读英雄加里波第传记的时候，多么令人兴奋不已！他是那样羡慕加里波第，现在他才真正体会到加里波第的一生过得有多艰难！在世界各地都受迫害！而他，保尔，总共才受了七天的磨难，却好像过了一年似的。（第六章）

②燃起的篝火抖动着红色的火焰，一团团灰褐色的浓烟盘旋着升向天空。战士们离篝火有一定的距离，围坐在它的周围取暖。他们的脸在篝火的映衬下呈现出一副古铜色。旁边随便摆放着的几个军用饭盒埋在淡蓝色的炭灰中，盒

里面的水正咕噜咕噜地沸腾着。

突然间,一条火焰从篝火中窜了出来,正好烧到了旁边一个低着头的人,那人本能地将头闪到一边,有些不满地骂道:"该死,真是见鬼了!"坐在篝火周围的人都笑了起来。

"这个小伙子光想着看书了,火烧眉毛都不知道啊。"旁边一个上了年纪穿着军呢大衣的红军战士说道。他脸上仅留着一小撮儿胡子,刚对着火光检查完自己的步枪枪筒。

"喂,柯察金,给我们讲讲书里面的故事吧!"

这个年轻红军战士摸了摸那撮儿烧焦了的头发,微微一笑:"这的确是一本好书啊,安德罗休克同志,读起来就舍不得再放下它!"(第八章)

(5)讲一讲:请根据相关章节,讲讲其中的故事。

①第二章主要围绕一个"枪"字来写。请用"发枪""抢枪""砸枪"等词语作为关键词,讲一讲本章内容。

②请根据第五章相关内容,用简洁的语言,讲一讲保尔是如何营救朱赫来的。

(6)猜一猜:保尔和冬妮娅……

在第九章里,保尔和冬妮娅的感情出现了裂痕。"跟你分开,我感到很遗憾,我会珍惜你留给我的美好回忆。"请猜一猜,保尔与冬妮亚后来会在怎样的情形下相见?他俩会不会和好如初?

第三辑

做个研究型教师

每位教师都可成为"第一线的教研员"

谈起教科研,一些老师总感到很神秘,感到高深莫测,之后便敬而远之。其实,我们几乎每天都在做教科研。

因为我们都有一个共同愿景,那就是希望把我们的课上好,把我们的学生教好,让学生爱上我们所教的这门学科,会做题,会考试,会解决问题。于是,我们便想了许多办法,做了许多尝试。而这些,本身就是在做教学研究。

若要说还缺点儿什么的话,那可能只缺少了一个"科"字,也就是往往研究得不够持续、不够系统、不够深入、不够科学。再就是,没有把自己的研究成果用文字表达出来。下面,笔者就"研究什么"略谈几点。

一、研究儿童

教育是一种关于"人"的事业。为了"人"的发展,这既是教育的起点,亦是教育的旨归。美国哈佛大学达克沃斯教授关于教学的新见解是"教学即儿童研究"。也就是说,教师不仅需要研究课程、课堂、课题,还必须首先研究儿童(学生)。没有研究儿童的教育,仿佛是无源之水、无本之木。成尚荣先生将儿童研究称为教师的"第一专业"。

二、研究教材

"解读教材"是教育界一句老生常谈的话。之所以常谈,是因为教材是"教"与"学"之间最关键的纽带,是因为教材是学生获取知识、发展能力、完善心智的最重要依托。苏霍姆林斯基建议，在备课的时候，教师要从这样的角度对教材进行思考："找出因果联系正好在那里挂钩的、初看起来不易觉察的那些交接点，因为正是在这些地方会出现疑问，而疑问则能够激发求知的愿望。""交接点"与"疑问"是研究教材的两个关键词。对于语文学科而言，单元提示、课前导读、课文文本、课后思考题都是"交接点"和"疑问"的来源地。而最容易忽视的另一来源地，则是学情与教材之间的那片芳草地。

三、研究教法

所谓教法，通俗地说，就是教者将教学内容和教学方案呈现给学生的方式方法。苏霍姆林斯基将教学方法归为两类：一类是使学生初次感知知识和技能的方法；另一类是使知识得到进一步理解、发展和深化的方法。这是从教学内容的新授和巩固的角度来区分的。若从呈现方式角度看，则可分为演讲法、演示法、观察法、讨论法等。若以学习方式来区分，则可分为自主学习、合作学习、探究学习三种。"先学后教，以学定教"是当前比较流行的一种教学方法。但教无定法，正如苏霍姆林斯基所言："智育的成效取决于对各种教学方法的创造性的运用，取决于许多细节的灵活变换，而这些细节则受着具体环境的制约，是无法在教学论里事先加以规定的。"这，便给我们教者留下了一个永恒的研究课题。

四、研究课堂

课堂是学生学习的园地、成长的原野，也是教师专业发展的平台、价值展现的舞台。日本教育学者佐藤学认为，课堂教学的实践过程可以理解为认知过程、社会过程和内省过程三个范畴构成的复杂活动。当前，高效课堂、"10+35"课堂、"271"课堂、循环大课堂、"自学·释疑·达标"课堂、"自学·交流"课堂、自主式开放型课堂、"四学本真"课堂等课堂教学模式，可谓百花齐放、各自争春。作为教师，我们将追求一种怎样的课堂教学方式（模式）呢？

五、研究考试

在当前的教育体制下，中考、高考，一个比一个更受关注。在某种程度上，考试成绩成为教育质量的代名词，也成为教师绩效的一个重要砝码。教师平日教得好，不完全等同于学生的中高考考得好。于是，考试研究抑或是教学评价备受关注，比如命题范围、命题方向、价值定位、试题组成、分值权重、得分要点、学生心理等诸多因素，都值得研究。

六、研究专题

专题研究，就是围绕某一教育问题、教育现象进行的研究。比如，阅读教学研究、作文教学研究、单元教学研究、跨学科教学研究、班级管理研究、学生兴趣研究、留守儿童研究、学困生研究、家庭教育研究等。围绕某一教育问题，深挖洞，广积粮，我们收获的将不仅是一两篇文章，而是对教育的深入理解。

七、研究课程

课程，是学校教育中的一个上位概念。它是指学生所应学习的学科总和及其进程与安排，是对教育目标、教学内容、教学活动的规划和设计，是教学计划、课程标准等多方面实施过程的总和。简单地说，课程规定了学校"教什么"，教学规定了学校"怎么教"；课程不只是文本课程，更是体验课程。所以，课程是知识，亦是经验。某种程度上，课程意识的强弱，决定着教育高度的高低。对于某一学科而言，研究课程的最好办法，就是研读课程标准。课程性质与地位、课程的基本理念、课程的总目标、课程的阶段目标、课程资源的开发与利用、教学建议、评价建议等，一目了然，通俗易懂。

八、研究德育

《中共中央国务院关于深化教育教学改革全面提高义务教育质量的意见》

指出："坚持立德树人，着力培养担当民族复兴大任的时代新人。""完善德育工作体系，认真制定德育工作实施方案，深化课程育人、文化育人、活动育人、实践育人、管理育人、协同育人。大力开展理想信念、社会主义核心价值观、中华优秀传统文化、生态文明和心理健康教育。加强爱国主义、集体主义、社会主义教育，引导少年儿童听党话、跟党走。加强品德修养教育，强化学生良好行为习惯和法治意识养成。"德育，并非只是班主任的事儿，所有科任教师都应当是德育工作者。现实如何？许多学校在做校长德育，许多班级在做班主任德育，许多科任教师不问德育，而做学生角度的德育者并不多。德育渗透，大有可为；立德树人，必须研究。

九、研究管理

每一位教师，都是一位管理者。班主任，需要学会班级管理；科任教师，需要学会课堂管理；自然人，需要学会情绪管理和意志管理。每时每刻，我们既是管理者，亦是被管理者。课堂管理，包括物理环境的管理和课堂纪律的管理，包括行为主义、人本主义和教师效能等三种取向。课堂管理的好坏，决定着教学效果的高下，影响着人际关系的优劣。班级管理的最高境界，是学生的自主管理和自我管理。要做好这些，我们需要进行持续的研究和不懈的追求。

十、研究概念

概念研究，就是对国家提出的关于教育的各种概念的学习和研究。比如，素质教育、三维目标、核心素养、综合实践活动、研究性学习、选课走班，等等。不要以为这些研究是专家教授的专利，其实它与我们一线教师密切相关。一个教育概念，代表着一种发展指向。勇立潮头，与时俱进，这是新时代教师的应有之举。

十一、研究名家

于漪、李吉林、魏书生、吴非、余映潮、黄厚江、李镇西、李希贵、朱永新、于永正、吴正宪、华应龙、窦桂梅、王崧舟、闫学、王君……一位教育名家，就是一面旗帜、一根标杆、一座宝藏。名家研究，包括对其课堂的研究、课例的研究、文章的研究、专著的研究，以此体悟其教育情怀，辨析其教育主张，感知其教育智慧，探究其教育思想。可以说，名家研究是教师专业成长的一条捷径。需要提醒的是，这方面的研究，最好不要忘记对陶行知和苏霍姆林斯基的研究。他们的著作，可谓是鲜活的教育学。

十二、研究自我

"认识你自己"是雅典德尔菲神庙上的一句神谕。苏格拉底凭此把哲学拉回了人间，让哲学重新关注"人"的问题。这句话，经常被哲学家们用来规劝世人，要认识自己真正的价值。对于一位教师而言，我们应当研究一下自己，虽然无须像上述研究那样规范，但可以像陶行知先生那样，坚持"每日四问"。特别是，要多问问自己：我今天的情绪如何，我最近读了什么书，写了什么文章等。在自我反思、自我研究中，不断地弥补自己的性格缺陷和知识缺陷，发挥自己的兴趣和特长，不断迈向"心中的地平线"——虽然无法抵达，但可日趋高远。

从不同角度出发，研究内容的表述方式便各不相同。而至于该如何研究，笔者只想用"六勤"略作提示，不作赘述。因为只要心存一颗教科研之心，办法总比困难多。这"六勤"是：勤于观察，勤于反思，勤于追问，勤于阅读，勤于写作，勤于交流。

陶行知先生在《第一流的教育家》一文中说，有两类教育家可称为"第一流的教育家"：一类是"敢探未发明的新理"的教育家，一类是"敢入未开化的边疆"的教育家。对于我们这些基层教师而言，虽然绝大多数人无法成为"第一流的教育家"，但若能沉下心来，努力向上，坚持学习和研究，坚持创造和开辟，一定能够成为一名优秀的"第一线的教研员"。

理顺开放课堂的辩证关系

一些教师认为,新课改就意味着把课堂完全交给学生,让课堂自由生成,让学生自主生长。对于这种说法,我始终持怀疑态度。在我看来,开放课堂不妨坚持一种"中庸之道"。

一、放开展示,不放指导

无论是传统课堂还是所谓课改课堂,一节好课,都应当是教与学的相互作用,放与不放的相互博弈。

展示,是现代课堂的重头戏。学生通过书面、口头、行为等方式来展示个人或组内的学习成果,达到活跃思维、锻炼勇气、培养能力、塑造人格的目的。放开学生的展示,就是充分调动更多学生的学习热情,尽可能地让全体学生参与课堂学习与评价。展示的过程,更需要教师的指导或引导。

有一次,在"品读诗歌"这一环节,我发现学生所展示的内容,有的是借用了一些现成答案,有的是品读不得要领,我便适时指导:品读诗歌、体会诗情不妨从词语入手,抓住关键词语有助于我们体会诗中蕴含的丰富情感。如按照"原意—诗中意—诗中作用"的线索来品读,诗歌并不难懂。我辅以例句来阐释,大部分学生便很快掌握了要领。

在课堂教学中,教师结合实例进行的"有高度"的指导和"有方法"的引导,对学生更有帮助。如徐霞客所说,"塞者凿之,陡者级之,断者架木通之,悬者植梯接之",这样往往能让学生产生一种豁然开朗的感觉,教学效果也往往事半功倍。

二、放开体验，不放示范

现代课堂提倡"先学后教"，"先学"是为了唤醒学生对于文本、问题、实验等方面最纯真、最有个性的体验。这种体验，有助于学生将客观知识与主体经验相互打通，使其成为"我的感受"或"我的知识"。正如特级教师程翔所说的："没有阅读体验，他的学习就隔了一层，就没有进入学习的过程中来。"因而，体验式学习成为现代课堂一种不可或缺的学习方式。

现在许多学校都注意在课堂中增加学生的体验、展示、交流环节，但有些学校教师的示范（如范读、范文）却悄无声息地退出了，代之以"机读"与"百度文"。这些现成的示范材料貌似更加完美，但对学生来说，它们却缺少一种亲切感。我认为，无论怎么强调学生的主体作用，教师适当的示范永远有存在的价值，甚至可以说，这种价值是其他资源永远都无法替代的。

比如，在"读出情感"这一教学环节，一名学生读得比较平淡，我便有针对性地说："有感情地朗读应当理解作者的感情，把握重音，读好停顿，抑扬顿挫……"接着，我给学生示范性地朗读了第一节。接下来另两名学生的朗读，立即显现出明显的差别。从某种程度上来说，这种示范让学生得到了一种看得见的成长。

再比如，在"仿写训练"环节，我展示了一首自己写的诗歌，让学生在课堂上真切地体验到语言文字的魅力。

三、放开对话，不放效率

师生、生生之间的互动，个人与他人、个人与文本之间的对话，构成了现代课堂与传统课堂的分水岭。学生展示本组的学习成果之后，其他学生以质疑的方式、教师以追问的方式与之对话，一些问题在问答与阐释之时立即得以明了和深化。质疑与追问，阐释与补充，彰显出个人的风采和团队的智慧，这使得课堂有了宽度和深度。

然而，课堂的质疑与对话，一如游客与导游，如果讲解过于详尽，质疑过于宽泛，往往会影响游览的进程，也影响游览的质量。教师如果不善于在问与答、质与量之间合理取舍，有时会让课堂停留在一些次要问题的讨论上，学生纠缠于某一问题，貌似热闹，40分钟的课堂时间却悄然而过，往往无法完成预期的课堂教学任务。因而，控制与引导、节奏与效率等需要教师的统筹兼顾——既不行色匆匆，也不漫无边际。缓慢处可"明察秋毫"，快速时可"蜻蜓点水"——这便需要教师有一种强烈的目标意识：重点难点，讲透议透；其他环节，点到为止，甚至可以忽略不计。有了这种目标意识，课堂才可能呈现"浓妆淡抹总相宜"的理想状态。《在山的那边》一文的教学，我便是在统筹目标下来设计和实施课堂教学的，也是在这样的目标统筹下取舍教学资源、控制课堂节奏、把握课堂效率的。

四、放开课堂，不放质量

在自学、互学、展示、质疑、评价等元素支撑下的课堂，教师的预设大多较为抽象，而学生的生成则更为精彩。然而，也有一些课堂一旦将这些表面要素抽离，一堂课下来，学生收获并不大。长此以往，学生展示、质疑的兴趣乃至考试成绩，都会大打折扣。这种只重形式的表层课改，便会以牺牲教学质量而告终。由此可言，教师的教学能力无论是在传统课上还是在课改课上，都显得尤为重要。

教师的课堂教学能力是课堂教学有效性的有力支撑。余文森教授曾指出："课堂教学的有效性是指通过课堂教学活动，学生在学业上有收获、有提高、有进步。"在我看来，文本学习、课堂管理、习惯养成是有效教学的三驾马车。文本学习，是获得知识的必要手段；课堂管理，是形成良好学习氛围的必要行为；习惯养成，则是巩固知识、形成能力、持续运转的惯性保证。三者不可偏废。

课堂上放与不放，显然不只上面提到的这些方面，比如在涉及过程与目标之时，放开的应当是过程，不放的应当是目标；涉及形式与内容之时，放开的应当是形式，不放的应当是内容。我们只有理顺了这些辩证关系，在教学中坚持必要的"中庸之道"，教学改革才会有理性的思想基础，我们的课堂教学才可能实现美丽的跨越。

我所主张的语文课堂

我所主张的语文课堂，积极追求着生命在场、生活在线、生长自然、生态平衡。这样的课堂贯穿着生命的召唤，它是一种有效课堂，一种自然课堂，一种生命课堂。为此，作为一名语文教师，要有一种"教我语文"的意识和行动。

一、生命在场

《中国学生发展核心素养》里，是这样表述"珍爱生命"的："理解生命意义和人生价值；具有安全意识与自我保护能力；掌握适合自身的运动方法和技能，养成健康文明的行为习惯和生活方式等。"

"生命在场"就是指课堂教学中，在教师的主导和引导下，以学生的生命成长为出发点，以学生的主体参与为基础，促进学生在脑力活动与交流活动中，实现生命的和谐发展。

张文质先生认为："把对儿童的理解、关爱、信任、成全，在具体的教育过程中体现出来；它不是仅仅停留在理念上的表达和理解上，它必须在具体的实践过程中体现出来，这就是生命化教育。"这样的教育，便是基于"人"的教育，基于儿童成长的教育。

教育，不仅要关注知识，更要关注生命；既要关注学生的自然生命，也要关注学生的精神生命；既要关注学生的未来生命，也要关注学生的当下生命；既要关注学生的群体生命，也要关注学生的个体生命。于漪老师说得好："每一节课都会影响学生的生命质量。"

一节校内语文公开课,讲的是布封的《马》,引发我的思考。语文的趣味,学习的兴趣,课堂的魅力,应当从文本出发,在文本的欣赏中持续,在文本的挖掘中深化,在自主的学习中收获,在学生的互动中推向高潮,在教师的引领中走向纵深。它虽然讲的是马,但也应当、也可以关切人的生命体悟。

关于《马》的教学,不妨这样设问:

(1)驯养马与天然马:它们所呈现出来的差别在哪些方面?

(2)作者与马:作为动物学家的作者对于两种马各持什么态度?

(3)思想与语言:作者的赞美与批评、欣赏与同情,如何通过语言来表达?

(4)我与马:"我"与这两种马在品质上有何相似之处?

这样的课堂一定会更有深度,更有活力。学生的所得,自然不仅仅是学习了一篇课文,他们还在语文学习的过程中很自然地产生对自我、对自然、对社会的一些思考。这大概才是语文学习的要义所在。

《马》这篇文章中有这样两句话值得深思:"它的教育以丧失自由而开始,以接受束缚而告终。""现在即使把它们的羁绊解脱掉也是枉然,它们再也不会因此而显得自由活泼些了。"

希望我们的教育,不要从一种束缚走向另一种束缚;我们的课改,不是从一种羁绊走向另一种羁绊。过于程式化的课堂,过于呆板的教学,只会让教师与学生都丧失思维的灵动和心灵的自由。

优化语文课堂,激发生命活力,需要我们深入地进行教学反思。常写教学反思,便是在教学生命中对"真、善、美"的孜孜追求。

所谓求真,即客观审视教学得失。是遗憾就是遗憾,是失败就是失败,丝毫不需"扬长避短",这样诚实而真实地表现自己的不足之处,有利于弥补缺憾,有利于吸取教训。

所谓向善,即努力完善自我人格。人格的丰满,灵魂的净化,品位的提高,境界的升华,往往也伴随着教学反思日趋高远。

所谓唯美,即不断追求艺术境界。对教学方法不断优化,对教学艺术不断追求,努力形成自己的教学风格,实现从"搬运工"向"研究者"的角色转换。

坚持写教学反思,我们就能不断迈向"真、善、美"的更高境界,我们的语文课堂也便有了越来越多的"生命在场"。

二、生活在线

陶行知先生认为,生活即教育。他有下面几段生动的阐释:

什么是生活?有生命的东西,在一个环境里生生不已的就是生活。譬如一粒种子一样,它能在不见不闻的地方发芽、开花。

是生活就是教育;是好生活就是好教育,是坏生活就是坏教育……不是生活就不是教育;所谓之"生活",未必是生活,就未必是教育。

我们是现代的人,要过现代的生活,就是要受现代的教育。不要过从前的生活。也不要过未来的生活。若是过从前的生活,就是落伍;若要过未来的生活,就要与人群隔离。

生活,永远和生命联系在一起,与时代联系在一起。课堂教学,也是一种生活体验。同时,与学生相关的所有活动的场所,都是一种课堂,这便是"活动即课堂"。

从"生活即教育""活动即课堂"等教育观点出发,我们的教学应如陶行知主张的那样,做好学校和社会的联系,加强社会实践,引导学生从实际生活中发现问题,提出问题,解决问题。

"生活在线",从它的内涵来看,是指课堂教学与社会生活、学生生活相结合,使课堂教学方式变成学生积极参与、乐于参与的生活过程。从它的外延来看,主要体现在三个方面:一是教学目标的生活化,二是教学内容的生活化,三是教学方式的生活化。

校内公开课,我主讲了一节微作文指导课:学写"说说"(微信),并将课题定为:"说"出你的正能量,"晒"出我的好时光。

这节课主要介绍"说说"的内容和形式。我以本人日常所写的"说说"为例,将其内容分为五个方面。这一环节主要解决"说什么"的问题。设计如下:

一是曾经岁月。如《看坝》："太白湖，浪打浪。屋前是波涛，屋后是坟场。打地铺，点油灯。破书已翻尽，最怕半夜醒。"

二是亲情时光。如《母亲节》："禾上摘的豆角，树上摘的枇杷；村里买的鸡蛋，塘里捞的鱼虾。身上流的血脉，梦里想的老家。"

三是户外行走。如《早春·青春》："鹅黄浅绿舞春风，含苞欲放点点红。人间最美二月天，斗霜凌寒暖融融。"

四是阅读杂想。如《热爱书吧》："书是安神剂，它能让你在思绪混乱、焦躁不安时逐渐平静下来，然后睡个好觉；书是美容师，它虽然无法阻止岁月对你的侵蚀，但它却可以让你皮肤光滑，精神抖擞；书是智囊团，它也许无法帮你解决生活中的一些具体问题，但它能让你逐渐形成属于自己的思维方式，让你成为一位哲学家。热爱书吧！"

五是写作心得。如《写作是为了解决自己的问题》："史铁生说，写作是为了解决自己的问题。解决自己的什么问题呢？就我看，无非是解决两大问题：一是认识自我、改造自我的问题；二是认识世界、改造世界的问题。其实，也可以这么说，要想认识自我、改造自我，最好的办法就是不断地阅读和写作。"

朱永新先生说："知识、社会生活与师生生命的深刻共鸣，是理想课堂最显著的特征。"我们所倡导的"生命在场""生活在线"也正是基于这样的一种思考，即创设一种平等、民主、安全、愉悦的课堂气氛，由以知识本位、学科本位转向以学生的发展为本，通过在人类文化和学生生活之间形成有机的联系，对知识、能力、态度进行有机整合，因材施教，巧妙勾连，充分体现课堂的生活性、生命性和发展性，让课堂焕发出生命的活力。

三、生长自然

这里涉及几个命题。一是教育即生长，二是自然教育，三是先学后教。

"教育即生长"这一观点由卢梭提出，而后杜威对其做了进一步的阐发，它言简意赅地道出了教育的本意：教育就是要使每个人的天性和与生俱来的能力得到健康生长,而不是把外面的东西,例如知识灌输进一个容器。教育就应当要尊重天性、发挥潜能、潜移默化、因势利导……

杜威主张对影响儿童生长的社会环境加以控制。他说,"我们从来不是直接地进行教育,而是间接地通过环境进行教育""成人有意识地控制未成熟者所受教育的唯一方法,是控制他们的环境"。

杜威同时指出,习惯是生长的表现。"习惯乃是一种执行的技能,或工作的效率。习惯就是利用自然环境以达到自己目的的能力。"

我们可以从以上论述中,提炼出一些关键词来理解"教育即生长"这个论点,也以这几个关键词来描述我所主张的语文课堂。这几个关键词是:天性、环境、活动、主动、习惯。

我们的课堂,应始终尊重和保护每个学生的天性,通过创设适宜的环境,以适当的活动,让每个学生主动地学习,并养成良好的习惯,进而得到健康的成长和自主的发展,成为最优秀的自己。

自然教育,由法国思想家、哲学家、教育家卢梭最先提出,主张教育目的在于培养自然人。他主张教育要服从自然的永恒法则,听任人的身心的自由发展,通过感官的感受去获得他所需要的知识,要求教育要"遵循自然,跟着它给你画出的道路前进",即"按照孩子的成长和人心的自然发展而进行教育",使儿童的本能、天性得到发展,合乎自然地成长为一个知道如何做人的人。

自然教育思想启示着我们每一位教育工作者都应该坚持这样的教育信念:儿童为本,尊重天性,充分挖掘每个儿童可持续发展的因素,让每个儿童都得到应有的发展。

这让我想起了一节作文指导课:"让他鲜活起来"。现将其课后叙事摘录几段。

这是一个意外收获。原本只是想在中考之前完成《这群少男少女》,为每个同学分别写一些文字,用文字描绘他们在我这个语文老师心中的印象,让文字成为师生之间情感交流和情感延续的桥梁。没想到只写了十来篇,这些文字居然就被搬进课堂,而且还成为指导作文的上佳材料。真可谓"无心插柳柳成荫"。

这是一块绝版璞玉。说它是"绝版",因为我这教案,其他任何老师用不上;我这节课,其他任何班级也上不了。说它是"璞玉",因为这节课没有一点点"作秀",没有一点点"铺垫",一切都是在预案中自然生成,整个课堂行云流水。它就是这样的"朴素本真"。

这课堂上笑语盈盈。第一环节:"猜猜他是谁"——"瘦瘦的脸,咪咪的眼,小小的嘴巴,瘦长的身材,戴着一副眼镜。"只读这么一句,就有学生在窃窃私语;"他可谓'错别字大王',多横少竖,张冠李戴,错字现象时有发生。"此时,同学们便异口同声:"邓杨!邓杨!"其主人邓杨也在咪咪作笑……

这课堂上动静相宜。如果第一环节"猜猜他是谁"是一种"动",那么,第二环节10分钟训练"让他鲜活起来"则是一种"静"。教室里鸦雀无声,全体同学都沉浸在自己的写作之中。其实,这个环节也是一种"动",一种内在的动,一种深沉的动:"回顾—提炼—表达",内心可谓是"碧波荡漾""波澜起伏"。第三环节的交流,对于发言的同学来说,是一种"动",一种自我展示的"动",而对于听讲的同学来说,则是一种"静",一种欣赏品味的"静"。动若狡兔,静若处子;动显活力,静显张力;动静相宜,不亦乐乎!

这堂课种下了期待。期待,课堂上便有,但却更多地留到了课后。下课时便有同学问我,他在我笔下是什么样子;还有调皮的家伙,在我的QQ里留言咨询。心理学上有个"期待效应",但愿他们的这种期待,能陪伴他们走得更远。

这堂课收获着启迪。毫无疑问,这堂课对于学生来说,是充满乐趣的,是印象深刻的,也是十分受益的。如果说,这是一堂成功的课,那么,它的成功,大概主要有三点:一是榜样引领,二是材料鲜活,三是体验成功。

这堂作文指导课,个人认为,它很好地体现了"生命在场""生活在线"等理念。学生在课堂上的状态、收获,都可以证明这一点。

在"生命在场""生活在线"的前提下,在"教学做合一""教育即生长""自然式教育"等思想支撑下,构建一种合乎学习规律、合乎成长规律的课堂结构模式,大家纷纷指向了"先学后教"。我将其略作提炼。

基本路线：创设情境—问题导学—独立自学—小组群学—展示对话—检测评价。

灵活运用：课堂教学模式的研究，应该按照"借鉴—实践—创新—构建"线路图，从"形似"到"神似"，从"入模"到"出模"，让所有的学生都能在课堂上自然地生长，自主地成长，不同程度、不同形态地发展。

坚守优势：自己最有心得的、最有优势的、经过实践检验的东西，始终坚守。也就是说，不要因为某种模式而丢弃了自我。

四、生态平衡

叶圣陶说："教育是农业，不是工业。"他告诉我们，教育就像栽培植物那样，让植物自然生长。同时，农业本身就是一种生态；庄稼也只有在环境、养料、人力的和谐作用下，才能五谷丰登，硕果累累。

生态是指自然环境中生物与生物之间、生物与生存环境之间相互作用建立的动态平衡关系。课堂生态，则是以生态学的视野关注课堂中的每一个生态因子，既有物质的又有精神的，既有动态的也有静态的，这些因子相互依赖、和谐共生，形成教学氛围。

当我们从"生态"这个概念出发来思考课堂，我们便能用全局的、动态的、协调的眼光和思想，来观察课堂、研究课堂，进而上升到科学发展的高度，来审视课堂、重构课堂，并创生出"生态课堂"。

"生态的课堂是绿色的课堂，和谐平衡是其根本特征。"我认为生态平衡，应当同时具有三个特征：一是生机勃勃，二是各得其所，三是彼此融洽。

生态课堂，应该是以促进学生生命发展为本的课堂。它强调学生是一个个具有思想、意识、情感、需求以及各种能力的活生生的人。

生态平衡，是一种自然法则，也是一种课堂法则。正如所有改革都要处理好新与旧、继承与创新的关系一样。"不偏之谓中，不易之谓庸。"余秋雨认为，中华文明之所以能够成为人类几大古文明中唯一没有中断和消亡的幸存者，有很多原因，其中最重要的秘密就是"中庸之道"。

而在我看来，我们的课堂，最好也能坚守"中庸之道"，让课堂上学生与教师、展示与指导、体验与示范、对话与效率、过程与目标、形式与内容等各种"因子"都保持着一种生态平衡。这个话题，可参见前篇《理顺开放课堂的辩证关系》一文，这里不再赘述。

五、教我语文

齐白石曾说："学我者生，似我者死。"写字作画均是如此，语文教学又何尝不是这样呢？一位语文教师，要想在教学艺术上得到长足的进步和发展，必须有一种鲜明的个性与特色，要有一种"教我语文"的意识和行动。

1. 教我语文，是一种自知之明

常言道：人贵有自知之明。每个人的成长，都有仅仅属于他自己的一套基因密码。正是这种密码的千差万别，才有了各自的外在形态和不同的内在性格。加之后天教育与环境的差异，也便形成了不同的志趣、学识和风采。如果把这些真实的"自我"进行优化组合，其魅力一定最为动人。我们一旦确立了"教我语文"的专业发展之路，就必然要对自己的人格、学养、优势、不足进行全面审视和重新定位，并力求避己之短，扬己之长。有了这些自知之明，我们便有了探求的目标和发展的方向。

2. 教我语文，是一种自信之力

于漪老师说，优秀的教师要有自信力，要树立教学人生的目标，要建设自己的语文教学人生。有"教我语文"意识的老师，坚信自己能找到儿童的成长规律和语文的教学规律，并能一如既往地按规律办事；坚信自己能独立地解读文本、科学地设计教案、有效地实施教学；坚信自己本身就是一种语文教学资源，自己的文化修养，自己的人生感悟，自己的语言文字，都可以成为语文教材；坚信在课堂上，自己永远是一道不可替代的风景线。有了这些自信力，就不会发展"他信力"：不会一味地信奉教参的解读，信奉他人的教案，信奉流行的教学模式。

3. 教我语文，是一种自强之路

《学记》有言："学然后知不足，教然后知困。"当一位语文教师投身到"教我语文"的实践之中，他必然会遇到许多困难与困惑。"知不足，然后能自反也；知困，然后能自强也。"语文教师的自强之路，大体来说，还是反思、读书、写作、创新等途径，但确立了"教我语文"的信念者，他自我成长的动力会更强，因为他总想形成属于自己的一种教学风格，总想找到最适宜自己的一种教学模式，于是，他总在"假想—验证—完善—提炼"的线路图中，不断提升，不断跨越，不断实现着自己的人生价值。

4. 教我语文，是一种自然之态

李白诗云："天然去雕饰，清水出芙蓉。"天下最美的东西，莫过于自然之态。只有教"我"的语文，让"我"和语文融为一体，让"我"也成为语文，这样的语文课堂才是一种自然的课堂；也只有这样的课堂，才会是生命的课堂。如果仅仅照搬模式，或是简单模仿流程，只会是邯郸学步，抑或是东施效颦。

生命的课堂与主动地成长

梁启超在《敬业与乐业》中说:"人类一面为生活而劳动,一面也为劳动而生活。"

我们可以这样认为,"为生活而劳动"是为了生存而劳动,为了填饱肚子,为了养家糊口,为了从物质上过上一种好日子,这是绝大多数普通劳动者的基本追求;"为劳动而生活",则是把劳动作为生活的一部分,作为生活的一种不可或缺的方式,通过劳动让心灵更充实,让精神更愉悦,乃至让生命更有价值。

显然,一位教师要实现并持续着那种自然的、生命的课堂,仅仅具有一种"职业主义的态度"——"为生活而劳动",自然不够;他还必须具有一种"理想主义的态度"——"为劳动而生活",把教育作为灵魂的一个枢纽工程,作为生命的一种表达方式,所谓"为教而生,为育而活"。

一、生命的课堂

作家林清玄的《生命的化妆》中说:"化妆只是最末的一个枝节,它能改变的事实很少。深一层的化妆是改变体质,让一个人改变生活方式。睡眠充足、注意运动与营养,这样她的皮肤改善、精神充足,比化妆有效得多。再深一层的化妆是改变气质,多读书、多欣赏艺术、多思考、对生活乐观、对生命有信心、心地善良、关怀别人、自爱而有尊严,这样的人就是不化妆也丑不到哪里去。脸上的化妆只是化妆最后的一件小事。"

文章还说,三流的化妆是脸上的化妆,二流的化妆是精神的化妆,一流的化妆是生命的化妆。

如果把这样的结论迁移到我们的课堂，应当可以这样说：三流的课堂是表象的课堂，二流的课堂是知识的课堂，一流的课堂是生命的课堂。

三流的课堂，看似热热闹闹，但经不起推敲，经不起咀嚼，没有内涵，没有实效，是一种"低效课堂"。

二流的课堂，改变了学习方式，学生活动充分，知识落实到位，是一种"有效课堂"。

一流的课堂，则是在师与生、生与生之间相互尊重、彼此信赖的前提下，"通过认知实践、交往实践、自我的内在实践这三种对话性实践而完成的"，亦即是师与生、生与生、人与物（学习内容）之间荡漾着"激励和唤醒"的主旋律，用知识"吻醒"生命，以生命"吻醒"知识，知识在学生的生命中"活"了起来，这样的课堂在知识落实、精神愉悦的基础上，贯穿着生命的召唤，它是一种"自然课堂"，一种"生命课堂"。

二、主动成长

一名语文教师应当具备什么样的素质？更多时候，我们喜欢到于漪、魏书生、李镇西等教育名家身上去寻找答案，于是便生发了众多"一"的答词，如一颗爱心、一双慧眼、一笔好字、一手美文、一口利齿，等等。

诚然，这些素质都非常重要，但要想把这些全都集中到同一名教师身上，或者需要一名教师在较短时间内同时具备上述素质，却又很难。我认为，作为一名语文教师，有一种素质更为关键，那就是"主动成长"。

1. 能主动成长者，他一定会把读书作为永远的课业

上岗之初，也许是本着个人喜好，他把读书作为一种消遣；随着教育教学的深入，对语文教学有了新的认识，他便开始有目的地选择书籍，如文学经典、教育专著、励志书籍等，他把读书作为一种需要。

空闲时间里，做得最多的事情，就是读书。也许他的原始学历并不高，但随着年岁的增长，知识的积淀，他的语文课照样能旁征博引，生机盎然。

2. 能主动成长者，他一定会把学生作为终生的研究

也许他不是班主任，但他明白教书的职业就是育人的事业。于是，他会自然而然地确立"学生为本"的理念。凭着感觉，他观察学生，琢磨学生，碰上厌学的顽童，他有时会在课堂上语意双关，有时会在私下与其促膝长谈。当有一天他意识到仅凭感觉不管用时，便会学点教育心理学，尝试着用共情心理看看学生的世界，用"皮格马利翁效应"去期望和赞美学生，用自信去激发"每个孩子都能抬起头来走路"……就这样，在研究中学习，在学习中研究，终于，在某一天他得到了"学生给我100分"的惬意和幸福。

3. 能主动成长者，他一定会把写作作为生活的常态

上完课后，他喜欢写几句教学反思，从中体会"求真、向善、唯美"的境界；看到学生在做测试题，他也忍不住和学生一起"同步作文"，分享着"同步、进步、迈步"的喜悦；读完一篇好文章或是一本好书，他尝试着"边读边写"，以使得写作更具理性，思想更有深度，写着写着，稍不留心便有文章见诸大报大刊；几年下来，稍作整理，文章似乎形成了一种系列，于是便有了自己的教育专著。

4. 能主动成长者，他一定会把求索作为职业的情怀

因为是一种主动成长，所以他总喜欢折腾。比如教学课文时，他也弄一个"庖丁解牛""层进阅读"；教学作文时，他有意识地让学生"从一个侧面写人""带一种感悟写事""怀一种情愫写景""分一些层次说理"；他喜欢给自己的语文课堂也弄一个什么模式，进行"自主课题"研究……如此这般地折腾，如此这般地求索，他总是充满着激情，保持着创意。在他的职业生涯里，没有"职业倦怠"这类的灰色词汇。

主动是一种生命状态，他"不需扬鞭自奋蹄"；主动是一种职业追求，他"衣带渐宽终不悔"；主动是一种人生智慧，他"心有灵犀一点通"。拥有主动之精神，便可拥有诸多素质，亦可形成个人之风格。一名语文教师若能主动地成长，他必将能成为一名优秀的教师，甚至名师、专家。

古诗词与核心素养：最美的遇见

《中国学生发展核心素养》出炉之际，正赶上《中国诗词大会》（第一季）播放，大概这也算是一场最美的遇见吧。

《中国诗词大会》上，最耀眼的一颗星星，当属16岁的"国学才女"李子琳。且不说她当了多少回擂主，就凭她那两轮"飞花令"就令人惊羡不已。

第一轮"飞花令"，李子琳以"花"字开头，朗诵了七句古诗：（1）花重锦官城；（2）花迎剑佩星初落；（3）花萼夹城通御气；（4）花开时节动京城；（5）花如木槿花相似；（6）花落知多少；（7）花飞莫遣随流水。

第二轮"飞花令"，按照主持人董卿的要求，每句的"花"字要求依次出现在诗句的1—7个字中，难度陡然增加。观众还来不及为李子琳担忧，"国学才女"七句"飞花令"便一气呵成。现场观众掌声雷动，康震和王立群两位嘉宾也赞叹不已。这七句"飞花令"分别是：

（1）花萼夹城通御气；（2）桃花一簇开无主；（3）争忍花前不醉归；（4）风吹柳花满店香；（5）不知近水花先发；（6）酒卮中有好花枝；（7）朱雀桥边野草花。

16岁的李子琳在《中国诗词大会》上所表现出来的纯美、谦逊、沉着、果敢，或许与她对古诗词海量的诵读、准确的记忆、深入的理解、会意的把玩有着密切的联系。从某种程度上说，也正是中国古诗词成就了李子琳的核心素养。

我之所以以《中国诗词大会》作为本文的开篇，是想说，我们的语文学科中蕴含着丰富的核心素养方面的资源。我们不妨继续以古诗词（或对联）为例，来寻觅这些寻常而又宝贵的精神财富。

社会责任：安得广厦千万间，大庇天下寒士俱欢颜，风雨不动安如山（杜甫）；落红不是无情物，化作春泥更护花（龚自珍）；铁肩担道义，妙手著文章（李大钊）。

国家认同：了却君王天下事，赢得生前身后名（辛弃疾）；人生自古谁无死，留取丹心照汗青（文天祥）；苟利国家生死以，岂因祸福避趋之（林则徐）。

国际理解：别离方异域，音信若为通（王维）；星牵沧海云帆耸，浪系天涯纽带长（见《七律·郑和下西洋》，作者不详）；肝胆每相照，冰壶映寒月（许筠）。

人文底蕴：投我以木桃，报之以琼瑶（《诗经》）；今我何功德，曾不事农桑（白居易）；大江东去，浪淘尽，千古风流人物（苏轼）。

科学精神：路曼曼其修远兮，吾将上下而求索（屈原）；读万卷书，行万里路（董其昌）；纸上得来终觉浅，绝知此事要躬行（陆游）。

审美情趣：采菊东篱下，悠然见南山（陶渊明）；大漠孤烟直，长河落日圆（王维）；晴空一鹤排云上，便引诗情到碧霄（刘禹锡）。

学会学习：读书破万卷，下笔如有神（杜甫）；读书患不多，思义患不明（韩愈）；读书切戒在慌忙，涵泳工夫兴味长（陆九渊）。

身心健康：养怡之福，可得永年（曹操）；少壮不努力，老大徒伤悲（《乐府诗集·长歌行》）；千磨万击还坚劲，任尔东西南北风（郑燮）。

实践创新：书到用时方恨少，事非经过不知难（陆游）；删繁就简三秋月，领异标新二月花（郑燮）；江山代有才人出，各领风骚数百年（赵翼）。

诗言志，词写情。宇宙天地、忧国忧民、理想抱负、人情事理等主旨意蕴，是古诗词的精神内核。语文课程标准指出："诵读古代诗词……注重积累、感悟和运用，提高自己的欣赏品位。"古诗词对语言形式美的要求是最高的，它讲究平仄和韵律。读者只有通过诵读才能体会中国古诗的声韵之美。著名特级教师余映潮老师提出的"四读"——吟读，译读，背读，说读——值得我们借鉴。通过吟读，"与诗人相遇"；通过译读，"与诗人同行"；通过背读，"品诗人笔法"；通过说读，"与诗人说话"。通过这样的诵读，才能尽可能地打通读者与诗人、当下与古代之间的障碍，进行一次次跨越时空的心灵对话，以此涤荡灵魂，陶冶性情，使我们的道德情操得以升华，使我们的人生观、价值观得以完善。

"孤独的时候可以靠着你的肩/数着那繁星点点一遍又一遍/我愿苦苦为你，等待一万年/多想与你在最美的时刻，遇见。"《中国学生发展核心素养》与《中国诗词大会》的不期而遇，真可谓是核心素养与语文学科之间的一次"在最美的时刻遇见"。

作为恰逢其时的我们，不仅仅是这场"遇见"的见证人，还应当是这场"遇见"的参与者：热爱古诗词，吟诵古诗词，传播古诗词。只有这样，这场"最美的遇见"才能逐渐演变成为一路同行，风雨同舟。

对"核心素养"的三个追问

> 脱离了对"人"的关怀,你只能有人文知识,不能有人文素养。
>
> ——题记

一、何谓"素养"

关于"素养"一词,《现代汉语词典》(第7版)里的解释很简单:"平日的修养。"网络上的解释稍具体一些:"素养,谓由训练和实践而获得的技巧或能力。"如果从中国文字辞源的意义上来"说文解字",会更有意思:"素"为未染色之丝,"养"乃长久的育化。在今天,"素养"的含义大为扩展,它包括思想政治素养、文化素养、艺术素养、业务素养、身心素养等各个方面。

"素养",在通常情况下,许多人会将它与"知识"联系在一起,甚至把知识与素养混为一谈,比如说"这个人有很高的文化素养",那么这个人到底是知识丰富,还是修养很好呢?不好说。

我们姑且看看作家龙应台的两段话。

"素养跟知识有没有差别?当然有,而且有着极其关键的差别。我们不要忘记,纳粹头子很多会弹钢琴,有哲学博士学位。这些政治人物难道不是很有人文素养吗?我认为,他们所拥有的是人文知识,不是人文素养。知识是外在于你的东西,是材料、工具,是可以量化的知识;必须让知识进入人的认知本体,渗透他的生活与行为,才能称之为素养。"

"人文素养是在涉猎了文、史、哲学之后,更进一步认识到,这些人文'学'到最后都有一个终极的关怀,对'人'的关怀。脱离了对'人'的关怀,你只能有人文知识,不能有人文素养。"

龙应台从人文角度谈了知识与素养的区别。这种区别的一个关键点,即是对"人"的关怀。有了对"人"的关怀,才能称之为"素养",否则只能称之为"知识"。爱因斯坦说:"照亮我的道路,并且不断地给我新的勇气去愉快地正视生活的理想,是善、美和真。"即是说,真正具有人文素养的人,应当且必须具有"善、美和真"。"善"的位置还应当在"美"和"真"之前,更为重要一些。曾经轰动一时的马加爵案、药家鑫案、林森浩案,这些案件的罪犯,只能说他们有着较好的"文化程度",他们与"素养"——"人文素养"没有直接的联系,因为在他们的品格中(至少在那些特定的时刻)没有最基本的"善"。

二、"核心素养"的无阶段性

在当前的《中国学生发展核心素养》中,对"学生发展核心素养"定义为:学生发展核心素养,是指学生应具备的、能够适应终身发展和社会发展需要的必备品格和关键能力,综合表现为九大素养,具体为社会责任、国家认同、国际理解、人文底蕴、科学精神、审美情趣、身心健康、学会学习、实践创新。

这一定义,很具体也很简洁地阐释了什么是核心素养。我们不妨继续追问:在学生成长的各个阶段中,每个阶段(如小学、中学、大学)的核心要素又分别是什么呢?在这九大素养中,最核心的又是什么呢?只有弄清楚这些问题,我们才能在学生生命成长的不同阶段突出重点,并影响其终生。

姚虎雄在《素养的秘密》一文中认为,不同的年段,人的核心素养要素有所不同;同一"核心素养",不同的年段,具体的内涵也不尽相同。以"思考"来说,小学更多应侧重能提出自己的问题,中学更多应侧重提出反思与不从众;以"友善"来说,小学更多应侧重善良和诚信,中学则更多应侧重尽责与担当;以"独立"来说,小学更多应侧重儿童的自信心,中学更多应侧重耐挫力和坚持。

同样地,对于"社会责任",我认为,小学阶段应更多地关注"诚信友善"：自尊自律，诚实守信；文明礼貌，宽和待人；孝亲敬长，有感恩之心。中学阶段应偏重"合作担当"：积极参与社会活动，具有团队合作精神；对自我和他人负责；履行公民义务，行使公民权利，维护社会公正。大学及以后则应培养"法治信仰"：尊崇法治，敬畏法律；明辨是非，具有规则与法治意识；依法律己、依法行事、依法维权；崇尚自由平等，坚持公平正义。

对于"生态意识"，我认为，应当贯穿于儿童生命成长的始终。但小学和中学还应当偏重于热爱并尊重自然，与自然和谐相处；保护环境，节约资源，崇尚绿色生活方式。大学及以后则偏重具有可持续发展理念和行动等。

再如，对于"学会学习"，小学阶段应更多地关注"乐学善学"：有积极的学习态度和浓厚的学习兴趣；有良好的学习习惯；能自主学习，注重合作。中学阶段应更加注重"勤于反思"：对自己的学习状态有清楚的了解；能够根据不同情境和自身实际，选择合理有效的学习策略和方法等。大学及以后，应自主地进行"数字学习"：具有信息意识；有数字化生存能力；主动适应"互联网+"等社会信息化趋势等。只有循着这些素养"种子"的生长规律，学生的核心素养才可能发芽、长叶、开花、结果，让学生受益终生。

三、"核心素养"的内核是什么

我们先来看一看"新加坡21世纪素养的结构模型"（见图3-1）。新加坡学生素养模型是同心圆型：以核心价值观为核心，它包括尊重、负责、正直、关爱、坚毅不屈、和谐；核心价值观圆外与之相邻的，是社交与情绪管理技能，包括自我意识、自我管理、社会意识、人际关系管理、负责任的决策。再往外是公民素养、全球意识和跨文化交流技能，包括活跃的社区生活、国家与文化认同、全球意识和跨文化交流技能；批判性、创新性思维，包括合理的推理与决策、反思性思维、好奇心与创造力、处理复杂性和模糊性；交流、合作和信息技能，包括开放、信息管理、负责任地使用信息、有效地交流。

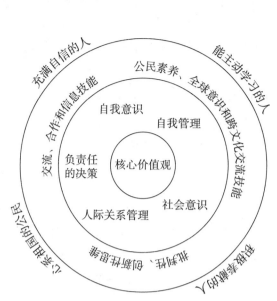

图 3-1 新加坡 21 世纪素养的结构模型

新加坡核心素养的核心是价值观，英国、法国、韩国也是如此。正如英国前教育大臣尼基·摩根（Nicky Morgan）所说："所有学校都应该像提升学术标准一样提升英国价值观。让每个孩子懂得英国价值观与学习数学、英语同样重要。"

我认为，"中国学生发展核心素养"的内核应当是社会主义核心价值观：富强、民主、文明、和谐（国家层面的价值目标）；自由、平等、公正、法治（社会层面的价值取向）；爱国、敬业、诚信、友善（公民个人层面的价值准则）。事实上，"社会责任""国家认同"等素养指标已经明确地指向了社会主义核心价值观。这正如《中国学生发展核心素养》导语中所说的："研制中国学生发展核心素养，根本出发点是全面贯彻党的教育方针，践行社会主义核心价值观，落实立德树人根本任务，突出强调社会责任感、创新精神和实践能力，促进学生全面发展，使之成为中国特色社会主义合格建设者和可靠接班人。"

需要说明的是，在传统的学校教育中，许多时候，德育只与思想品德这一门课程相关。但在"核心素养"为关键词的现代教育背景下，学校教育则应当以人的素养为核心，一方面突出学科自身特点；另一方面打破学科界限，提升学生的综合素养。事实上，我们的许多学校、教师已经在这方面做出了有益的尝试，获得了宝贵的经验。

"养"乃长久的育化，也就是说，素养不是"教"出来的，不是"训"出来的，而是"浸润"出来的，是在长期宽容的、开放的、丰富多彩的活动——生活场景中熏陶出来的，正所谓"养之有素"。

（注：《中国学生发展核心素养》正式发布文本是这样描述的：核心素养以培养"全面发展的人"为核心，分为文化基础、自主发展、社会参与三个方面，综合表现为人文底蕴、科学精神、学会学习、健康生活、责任担当、实践创新六大素养，具体细化为国家认同等18个基本要点。）

读懂《于漪知行录》，吃透"核心素养"

一、"知行录"里的核心素养

《于漪知行录》一书是于漪老师60年教育智慧的精华结集，包括"精神须成长""倾听每个生命的呼唤"等十章。

作者说："出版知行录，追求知行合一的境界，既是求教于同行，更是鞭策自己永不懈怠，奋然前行。"

作者在60年的教育生涯里，依托语文教育教学，把知识传授、能力培养、智力开发、情操陶冶融为一体。应当可以说，作者一直在践行着素质教育，也一直在发展着学生的核心素养。

我们不妨从这本知行录中，去寻找作者是如何理解核心素养，如何发展核心素养，如何做到知行合一的。

1. 人文底蕴

什么是人文？朱永新先生认为："人文，一个是关心人，一个是关心文。关心人类的命运，关心他人，关心人类文明，关心人类文化，加起来就是人文。"如果一个人能够关心上面这些，他必定是一个具有人文底蕴的人。也就是说，人文底蕴从认识生命开始，是如何对待生命的重要标尺。人文底蕴在这里包括人文积淀、人文情怀、审美情趣三个基本要点。

《于漪知行录》中关于这方面的表述有很多。作者认为："人要有精神支柱，否则，立不直，立不正，支柱的核心是人文精神。"

人需要有理想信念。"一个人没有人文精神，就是一个残缺的人，丧失理想、信念，丧失奋斗目标，在个人荣辱得失中浮沉。"

文化基因蕴含在汉字、汉语中。"语言的背后是一种文化的深层编码，是一个民族的集体意识。一个个汉字的故事中无不蕴含着中华文化的基因，哲学智慧、伦理道德、风俗习惯、审美意识……"

人文底蕴可以通过诵读古代诗歌来感知。"中国是诗歌的王国。诗词蕴含着深层的文化……美丽景色、做人道理、高尚情操、审美趣味，应有尽有，对情感熏陶、精神提升、习惯养成、人格塑造，起到无可估量的潜移默化的作用。"

审美情趣要健康、高雅。"无兴趣爱好的，则情感贫乏，审美缺失，生活也味同嚼蜡。兴趣爱好要健康、高雅一些，与文学艺术、体育科技为伴，绝非打麻将赌输赢之类。兴趣爱好应从小培养。"

一个人的思维方式与他的文化底蕴关系甚为密切："脑子里知识储存丰厚、知识面宽、有文化底气，阅读思考、讨论辨别之时，参照的人、事、景、物、思想、情感、语言就会奔涌而至，比较、对照、分析、判断、推理、创新、独特的体验、个性化的见解就自然而然地形成。"

这种观点，在杨振宁先生那里，便得到证实。杨振宁先生在山东大学作"归根反思传统·寄语青年治学"专题报告时，回首一生，他非常感谢父亲，因为父亲没有让他走很多"神童"的错误道路，而是请专人教他诵读《孟子》；之后又从父亲那里学习唐诗宋词。他感叹道："现在回想起来，这段时期对我的一生有决定性影响。"

2. 科学精神

何谓"科学"？周光召院士曾这样解释："科学是人类在认识世界和改造世界过程中创造的，是正确反映客观世界现象、物质内部结构和运动规律的系统理论知识。"

这里所说的科学，既是指自然科学，如牛顿和爱因斯坦的自然科学；也指社会科学，如包括洛克、孟德斯鸠、韦伯、哈耶克这类思想大师对社会进行研究得出的见解。社会科学对于破除人类历史上的种种蒙昧主义，唤醒人类对自身和社会真实关系的看法所起到的作用，丝毫不亚于自然科学。

科学具有知识、思想、方法和精神的属性。科学不仅仅是指科学知识，它更是一种科学精神、科学态度和科学方法。一个人离开科学精神、科学态度、科学方法，他也许会愚昧无知。

科学精神是"人们在长期的科学实践活动中形成的共同信念、价值标准和行为规范的总称"。它包括理性思维、批判质疑、勇于创新三个基本要点。

一些老师认为，语文学科中的科学精神，似乎比较欠缺。事实上并非如此。我们看看于漪老师是怎么阐释的。

科学精神需要遵循规律。"规律是事物发展过程中的本质联系和必然趋势……青少年学生成长有其本身固有的规律，不能无视它的存在而为所欲为，最为重要的是认真探究规律，多一点敬畏之心，少一点功利之举。"

科学精神需要培养理性思考的能力。"文学作品是生活的教科书，学生阅读各种类型的小说，情节、人物、环境各有特色，单凭感情上产生激荡，难以深入底里，需要培养理性思考的能力，分析、比照、综合、判断、概括、提炼均不能忽略。"

科学精神需要大胆质疑。"在教学过程中，教师要根据教学目的要求善于运用恰当的钥匙，不断拧紧学生思维的'发条'，使它转动起来。'为什么？''怎么样？''是何缘故？''有何根据？'引导学生对课文的内容、形式、语言等思考、辨别、分析、归纳，懂得形成结论的过程，以及怎样去掌握结论。"

科学精神需要有求异思维。"要鼓励学生求异思维，有自己独特的看法。求异思维能冲破习惯定式，经常有推测、假说、联想、想象等活动参与，创造出新颖的、不同寻常的、耐人寻味的种种看法，有利于创造意识的培养。"

3. 学会学习

所谓学会学习，在某种意义上就是学会学习的方法。我认为，学会学习最核心的是要学会自主学习。

自主学习是与传统的接受学习相对应的一种现代化学习方式。顾名思义，自主学习是以儿童作为学习的主体，通过学生独立地分析、探索、实践、质疑、创造等方法来实现学习目标。

学会学习在这里包括乐学善学、勤于反思、信息意识三个基本要点。

于漪老师强调学贵有恒。"读书要在'恒'上下功夫，难也难在一个'恒'字。""恒，是意志的锤炼，毅力的锤炼。岁月为砧恒为锤……"

强调激发兴趣。"读书要树立宝藏意识，饶有兴趣地寻觅人类精神文明的宝库。""兴趣来源于好奇，来源于憧憬的目标。"

强调独立思考。"学习别人不是被别人牵着鼻子走，而是要认真思考，谨慎筛选，特别是虚张声势、蛊惑人心的，更要审视一番。要独立思考，自己去拿。"

强调主动学习。"求知，'知'要自己去'求'，而不是坐在那儿听现成的。被动接受和主动学习，效果往往迥然不同。"

强调诵读。"诵读是感受文字魅力、文化魅力的一种有效方法。古诗词精辟凝练，讲究韵律，乐感极强，平声仄声交错组合，跌宕起伏，节奏鲜明，诵读起来特别悦耳。"

学习内容有纵轴和横轴。"纵轴，要了解中国几千年文化，并有一点钻研，不数典忘祖；横轴，打开门窗看世界，不妄自菲薄，也不自我陶醉。"

不过，书中关于"信息意识"方便的表述似乎较少。当然，我们不能苛求面面俱到。

4.健康生活

世界卫生组织这样定义健康："健康乃是一种在身体上、精神上的完满状态，以及良好的适应力，而不仅仅是没有疾病和衰弱的状态。"也就是说，一个人在躯体健康、心理健康、社会适应良好和道德健康四方面都健全，才是完全健康的人。

健康生活，在这里包括珍爱生命、健全人格、自我管理三个基本要点。

于漪老师又是如何解读"健康生活"的呢？

于漪老师关注生命的意义。"生命的意义不是别人给予的，而是自己赋予自己的生命以意义。要想清楚人活着究竟为什么，自觉确立人生的态度，就要明白理想信念是生命存在于发展的核心。"

关注心中是否有"虫"。"人的心里不能有'虫'。有'虫'，心就染病，轻则好坏不分，是非不辨；重则'虫'对心吞噬，赤心、良心、善心日益削弱，一旦荡然无存，就成为蛇蝎心肠，害人，伤人，噬人，戕害社会安宁。'虫'要趁早捉，趁小捉，勤捉，使'心'永远健康，永远善良。"

关注体育锻炼。"健康的心灵寓于健康的身体……当前，学生的体质不容乐观，视力下降，耐力、爆发力差，许多体育锻炼项目不会、不适应、不参加，令人担忧。我们不是培养玻璃娃娃，不能用圈养的方法让他们碰不得、摔不得，不能经受风吹日晒雨淋。我们培养的人要体格健壮，精力充沛，意志坚强。"

关注课外活动。"学生在成长中对体育、艺术、科技小制作等都有内心的渴求，参与的冲动，课外的天地正是他们融知识、长见识、长身体的重要场所，刚强、勇敢、奋斗、合作、审美、创新，从其中孕育而出，磨炼而出。"

5. 责任担当

我们常说，"天下兴亡，匹夫有责。"但高震东校长认为，从某种程度上来说，"天下兴亡，匹夫有责"等于大家无责，"匹夫有责"要改成"我的责任"。"以天下兴亡为己任"是孟子的思想。禹是人，舜是人，我也是人！他们能做到的，我为什么不能呢？"天下兴亡，我的责任"，唯有这个思想，我们的国家才有希望。

责任担当在这里包括社会责任、国家认同、国际理解三个基本要点。关于责任担当方面的思想，几乎充盈着知行录的每一页。这也正是于漪老师的终身践行之道。

爱国。"家是最小国，国是最大家。浓郁的家国情怀，激发你一辈子精神振奋，有用不完的劲；浇注你丰满的感情，享受人生的价值与幸福。"

有担当意识。"人是有肩膀的，双肩能挑重担。'为天地立心，为生民立命，为往圣继绝学，为万世立太平'，这种对社会对国家的担当意识，是我们民族的骄傲，是我们仰慕并学习的榜样。"

富有责任感。"责任心强弱，认真与否，就差那么一点儿。粗看，难以辨别；细看，那么一点儿中蕴含的是敬业精神、专业追求、习惯力量。人之间的差距有时就是那么一点儿。'一点儿'的正能量从小就要培养。"

要放眼世界。"我们培养的学生当然要有国际视野，立足本国，放眼世界，具有参与国际社会与竞争的能力。"

特别关注民族文化。"民族文化是一个民族的深层性格，是一个民族的语言、信仰、价值观、生活方式和思维方式，只要有民族脊梁在，这种文化就压不垮。"其实，这也是一种人文底蕴。这大概正是社会责任、国家认同和国际理解的核心基石吧。

6. 实践创新

无论是"知者行之始，行者知之成"，还是"行为知之始，知为行之成"，它们都强调了劳动实践的不可替代性，正所谓"实践出真知"。

"创新"一词，原意有三层含义：第一，更新；第二，创造新的东西；第三，改变。创新的本质是突破，即突破旧的思维定式，旧的常规戒律。

实践创新在这里包括劳动意识、问题解决、技术运用三个基本要点。

于漪老师是这样看待"实践创新"的。

一勤无难事。"勤能成事，勤能补拙，好处几乎无人不知，但就是有不少人避勤趋懒，少做，少动，不做，不动，身上有根懒筋。要抽掉这根懒筋实在不易，它的形成虽不是旷日持久，但也有相当岁月，而核心又是图个人舒服，个人适意。为此，从小就要警惕坏习惯的养成。"

创新能力并非与生俱来。"教育的最终目的不是传授已有的东西，而是要把人的创造力量诱导出来。创新能力是一个人能力的最高表现形式，是能力的最高境界。……这种能力，不是与生俱来的，要靠引导、培养、激发。"

要发挥主体作用。"创新意识、创新精神的培育、激发，必须让学生发挥学习主体的作用，在学习生活中有思考、探究、发展的空间。"

好奇心驱动创新意识。"不仅要尊重学生的好奇心，教师自身就应对未知事物充满好奇，积极探索。"

二、发展学生核心素养，需要教师知情意行

在这本"知行录"里，本无"核心素养"一说，然而，细细咀嚼，却可发现它几乎与核心素养一一对号入座。

这，看似巧合，其实必然。因为真正的教育，本来就是为了培养"全面发展的人"的。这是哲学追问之后的教育旨归。

当然，于漪老师更多的话语是针对教师而不是针对学生的，但这并不妨碍我们对于核心素养的理解。同时，如果一名教师不具备这些素养，又怎么要求他去发展学生的核心素养呢？

然而，阅读终归只是阅读，梳理也仅仅是梳理。我们最终的目的，还是要切切实实地发展学生的核心素养，培养我们的学生，使其成为具有人文底蕴、科学精神、学会学习、健康生活、责任担当、实践创新等六大素养的人。

这，需要我们"知情意行"。

知，即认知，也就是要理解概念。事实如何呢？许多教师对于这个概念并不理解，甚至没听说过（乡村教师更是如此）。当然，不了解什么是核心素养，也许问题并不大，但至少要经常性地阅读一些教育书籍或教育文章，让自己的教育理念能跟得上时代发展步伐，名副其实地以"人"为本，而不是以"分"为本。

情，即情感，也就是要充满热情。情感是人心理结构的核心部分。人的任何行为都伴随着一定的情感。对核心素养缺乏情感的人，是不可能真正去发展它的。这需要我们有一种责任感：我们的教育是为培养适应社会、适应未来、具有实践创新能力的时代公民的，而不是培养只会考试的机器人。这关乎学生的幸福，更关乎民族的振兴。

意，即意志，也就是要持之以恒。贝多芬说，卓越的人的一大优点是，在不利与艰难的遭遇里百折不挠。显然，应试教育的理由有千千万，无视核心素养的理由也有万万千，但我们还是要在夹缝中不懈地种下核心素养的种子。因为核心素养并没有完全排斥应试。只要我们有着自己的主心骨和自信力，我们便会有着越来越多的教育智慧。

行，即行为，也就是要付诸行动。行是认知、情感、意志的外在表现，也是衡量发展学生的核心素养有没有取得成效的根本标准。千里之行，始于足下，朝着一个方向、一个目标出发，便只会距离目标越来越近。最终，不仅学生的核心素养得以提升，我们自己也必将收获教艺的提高和职业的幸福。

以学生角度设计德育方案

当前中小学德育实效性不强,从学校层面来说,我认为,是学校做德育的角度出现了偏差。学校往往是从"管理"这个角度出发,让德育服务于学校管理,服务于班级管理。也就是说,我们做德育时,并非从"人是目的"这个角度切入,不是在做"人"的德育,而是在做"管理"的德育,或是在做"班主任"的德育。

一、德育主旨:做一种学生角度的德育,过一种理性基调的生活

学生角度的德育包括三层含义:

从目的来说,就是"以生为本",提升学生的生活质量和幸福生活的能力。

从内容来说,应做到"三贴近",即贴近时代、贴近实际、贴近学生。

从方式来说,要"以学生为主体"。通过一些喜闻乐见的方式,充分发挥学生的主体作用,让学生全员参与,不断优化行为习惯,丰富精神生活,提升道德素养,增强生命意识,逐渐实现"人人独善其身、人人相善其群"的德育目标。

二、培养学生的德育素养

1. 有热爱学生的情怀

"没有爱,便没有教育。"教师的爱,最重要的一点是"爱公平":无论是

成绩好的还是成绩差的，长得俊的还是长得丑的，身体健康的还是身患残疾的，乖巧听话的还是顽皮不羁的，我们都应当一视同仁，公平对待。具有热爱学生的情怀，是做好学生角度德育的前提。

2. 有读懂儿童的能力

怎样才能读懂儿童呢？用孩子的眼睛去观察，用孩子的耳朵去倾听，用孩子的大脑去思考，用孩子的兴趣去探寻，用孩子的情感去热爱！放慢脚步，观察其言行；蹲下身子，倾听其心声。这是走进学生心灵、读懂学生心声的最根本途径。

3. 有培养公民的使命

"今日的学生，就是将来的公民。将来所需要的公民，即今天所应当养成的学生。"公民，而不是"臣民"，其根本区别则在于民主意识，即具有独立人格、批判精神、创新能力等重要品质。培养学生的公民意识，就是让学生成为"优秀的自己"，而不是成为我们所限制、所安排、所设计的那个样子。

4. 有与时俱进的行动

为了使全体教师尤其是班主任具备这些德育素养，学校制定了《班主任专业化成长助长方案》。班主任力争做到"四个一"：每天读一些书籍，每周作一点反思，每月写一个案例，每学期做一个课题。

三、12个"月主题"

真：说真话，做真事，求真知。
善：善眼看世界，善心待他人，善行伴终身。
美：心灵美，语言美，行为美。
知：知书达理，知恩图报，知耻后勇。
和：和颜悦色，和睦相处，和谐发展。
行：日行一善，知行合一，品行日佳。

写：写好汉字，写好文章，写成大写的人。
读：把厚书读薄，把薄书读厚；把脑子读新，把人生读精。
算：算一算时间，算一算青春，算一算生命。
勤：勤勉好学，勤快做事，勤俭生活。
学：学会求知，学会做事，学会共处，学会做人。
问：问天，仰望星空；问地，脚踏实地；问己，三省吾身。

四、德育"月活动"

德育"月活动"包括"培养学生的秩序意识""锻炼学生的强健体魄""让学生深刻理解美的内涵""让学生回归自然"等。

附录：4月主题德育活动实施方案

4月有两个重要的节日，一是清明节（4月5日前后），一是地球日（4月22日）。为纪念这两个有着深远意义的日子，对学生加强爱国主义教育，弘扬爱国主义精神，唤起学生爱护地球、保护家园的意识，学校开展主题为"祭我先烈，爱我家园，亲近自然"的德育活动。活动按时间节点，分步实施。

一、清明节：缅怀革命先烈，徒步远足扫墓

1. 活动目的：

（1）通过活动，让学生进一步了解革命先烈的光荣事迹，激发学生热爱英雄、学习英雄的思想感情。

（2）通过远足活动，锻炼学生的体力、毅力和耐力，增强学生的组织纪律性，培养学生之间的互助友爱精神，提高学生的身心发展水平。

（3）培养学生热爱党、热爱祖国、热爱集体的思想感情。从小树立远大理想，努力学习，加强锻炼。

2. 活动地点：红十五军纪念地。

3. 活动时间：4月初（视天气而定）。

4. 活动对象：全体学生，分班组织。

二、地球日：考察土地资源，观光家乡名胜

1. 活动目的：

（1）让学生进一步了解家乡土地资源情况，增强学生热爱土地、珍惜资源、关注环保等意识。

（2）让学生进一步了解家乡的名胜古迹，激发学生热爱家乡的自豪感。

（3）回归自然，活跃身心，进一步融洽父母与子女、教师与学生之间的感情。

2. 活动内容：

学校进行一次国旗下讲话、组织一次环保实践活动、举办一次征文比赛。

家长带领孩子观光一处景点，如老祖寺、四祖寺、五祖寺、挪步园等，或考察一处茶园、一处果园，拍摄几张活动照片，填写一张活动表格（见表3-1）。

3. 活动时间：4月中下旬，家庭活动具体时间自行安排。

表3-1　学生观光（考察）情况记录表

学生姓名		家长姓名	
活动时间		景点（园名）	
图片粘贴			
情况描述			
感受描述			

从"小课题"到"大选题"

没有比脚更长的路,没有比人更高的山,没有比自主成长更好的发展方式。

回顾个人专业成长,如果能称为小有建树的话,我认为最受益的就是不断地给自己"挖坑":从小坑到大坑,从浅坑到深坑,从单一坑到连环坑。

越过一路的"坑坑洼洼",我实现了从"小课题"到"大选题"的迈进,让自己逐渐地稳健起来、丰富起来、厚实起来,并越发宁静、快乐。

一、关于课堂模式

小课题1:"5·3·1"课堂教学模式

大概是2000年,我想寻找一条适合农村学校也适合自己的提高课堂教学效率的路径,但几乎是无从着手。一个偶然的机会,我从一位老师那里借来一本语文名家教育文集。我无比兴奋,因为当时在我们这个偏僻的县城,更别说我所在的乡镇,根本无法买到一本教育专著。我如获至宝,笔记做了整整一个本子,密密麻麻的。那可能是我小课题实验的第一桶金。

获得了这第一桶金后,我便开始进行课堂改造。经过近两年的努力,我自主构建起一种"5·3·1"课堂教学模式,也就是在每节语文课中,有计划地将其划分为三个阶段:(1)5分钟的说话训练;(2)30分钟的导读点拨;(3)10分钟的巩固质疑。

这样的教学模式,确实调动了学生学习语文的主动性,提高了学生的语文成绩，特别是在培养学生的说话胆量方面发挥了较大作用。这些，在当时的农村学校里是难能可贵的。

小课题 2："双体互促"课题实验

2003 年秋季，我接手了初二的一个班级。当时班额较大，有 78 个学生。通过观察，我发现，班额大，给课堂教学和班级管理带来很多困难。比如课堂不好管理，学生学习主动性很差，学生的个性发展堪忧，学生之间缺乏合作意识，等等。

如何解决大班额的教学问题，如何提高教学的有效性，如何让更多学生积极参与教学活动，这些问题引起了我的思考。

后来，我便策划了一次课题实验——"双体互促"课题实验。这实际上就是后来一些学校实施的小组合作学习。每组 6—8 名学生，"组内异质，组间同质"。通过小组合作的方式，来促进学生学习的积极性和主动性，并以此完善学生的性格。

这一次教改实验，并非我的原创，是我从互联网上借鉴过来的。但当时在本地算是"第一个吃螃蟹的人"。它在端正学生学习态度、加强课堂互动、提高语文成绩等方面均有较大作用。

小课题 3：理顺开放课堂的辩证关系

2012 年，我所在的苦竹中学开始了"四学本真课堂"课改实验。我们以备课组为单位编制"导学案"，在课堂上通过学习小组的形式进行自学、互学、展学、查学等。

这期间，对于语文课堂的"放"与"不放"，我探索了很长时间。在一节校内研讨课上，我主讲了《在山的那边》一课。这节课，引起了老师们的关注和争论。

一些教师认为，"课改课"就应该把课堂完全交给学生，让学生自主发挥。但我个人认为，开放课堂在"放"与"不放"的问题上，需要我们理顺其辩证关系，在理性的基础上来开放课堂。

在我看来，开放课堂应该坚持一种"中庸之道"。具体来说，至少包括这些方面：一是"放开展示，不放指导"；二是"放开体验，不放示范"；三是"放开对话，不放效率"；四是"放开课堂，不放质量"；等等。

我把这个课例写成《理顺开放课堂的辩证关系》一文，投稿给《中国教育报》，刊发后，被许多网站转载。这实际上是我一段时间以来实践和探索的结晶。

二、关于语文教学

小课题1：写教学反思

2003年，我正在寻求个人的专业成长路径。当时，不知从哪里看到"教学反思"这样的倡议，我"心动"了！

于是，我便开始了几乎每节课都写教学反思的成长之旅。有时在课堂上，我也忍不住停下来，在课本上写上一两个关键词，只为捕捉那昙花一现的灵感；下课后，立马到办公室里写上三五句话或一两个段落。

就这样，备课本的空白处被我写得密密麻麻。到了周末，我又将其整理成文章。此后的一两年里，我关于教学反思的几篇文章陆续发表在《湖北教育》《语文教学通讯》《中国教育报》上。这在当时的农村学校，几乎是石破天惊。

这样的教学反思，我不光是为了发表文章，更是为了探求规律。这种成长方式非常好，发现问题和解决问题的能力逐渐提高，个人的教学素养也在反思、写作、阅读中不断提升。

小课题2：层进式阅读

在进行教学反思的同时，我看到许多学生的阅读习惯比较差，那种无效阅读、低效阅读者比例很高。于是，我不断尝试，不断完善，逐步提炼出一种"层进式阅读"的阅读方法。也就是一篇文章拿来，首先按照学生各自的阅读习惯进行"随意性浏览"，之后根据老师的提示进行"指向性勾画"，再就是围绕一些问题进行"探究性阅读"，最后则是从语言、主题、结构等方面进行"欣赏性批注"。

通过这种"层进式阅读",学生的语文学习活动明显增多,不同基础、不同个性的学生都有了不同层次的学习收获,学生的阅读兴趣和阅读能力明显增强。

而如何进行"欣赏性批注",真正让学生实现个性化阅读呢?我便尝试一种"素读"的方式,也就是什么资料都不参考,完全凭借自己的一颗"素心"来理解,来写批注,做个性化阅读的先行使者。

这样的"素读素教",我持续了很多年,写成的一些文章登载于《语文报·教师版》《语文教学通讯·初中刊》等报刊上。

小课题3:立足于试题的研究

对于教师而言,个人认为,研究试题、原创命题是非常有必要的。因为在我看来,通过研究试题,可以在日常教学中更好地把握重点、突破难点;通过原创命题,可以感悟试题走向,把握试题细节,并以此提高教学的有效性。

解剖试题。比如"深层阅读"题,一般由四个小题组成:(1)整体感知题;(2)局部探究题;(3)词句品析题;(4)拓展迁移题。发现了这个规律后,我们的每篇课文几乎都可以这样备课、上课。学生平日里训练有素,做起试题来自然驾轻就熟。

分析方向。分析试题的总体走向,说得更明白一些,就是试题如何跟时代接轨。我曾经买来两套全国各省市的试题汇编,用了两三个月时间,全面浏览,定点解读,之后从中发现了一些门道,写成《阳光·绿色·和谐——一线教师谈中考语文试题》一文,投稿后发表在《语文教学通讯·初中刊》上。更重要的是,以此指导日常的语文教学是非常有益的。

原创命题。曾在差不多十年时间里,每年中考调研考试后,我总要拟出一套原创试题。比如阅读题,我都是自己找来时鲜的文章,自己命题,自己拟出参考答案。此后,便多了一双"命题的眼睛":一篇好文章,一个好广告,一个好商标,在我眼里都可能是一道好试题。这种创造性活动,让人很快乐,也很受益。

小课题4:同步作文

如何培养学生的写作兴趣,提高学生的写作能力,曾一度困扰着我。大概是 2006 年，有一次九年级晚自习进行语文检测训练时，我尝试和学生一起做语文试卷。空闲时，我干脆就和学生一起写作文。

记得那次写了一篇七八百字的文章，自己其实并不满意。但第二天，我把此文读给学生听时，他们听得非常认真，等我读完后，教室里掌声不断。

从此，我便开始了"同步作文"之旅——与学生"同时知题，同场写作，同一要求，同步完成"。

渐渐地，我摸索出一些"作文模式"。比如，写人的文章，可以"从一个侧面写人"；叙事的文章，可以"带一种感悟叙事"；写景的段落，可以"怀一种情愫写景"；议论文，可以"分一些层次说理"；等等。

个人认为，我的语文教学绩效一直较好，与这种"同步作文"有很大关系。我后来所发表的许多文章，在一定程度上也得益于我的"同步作文"。

三、关于德育管理

小课题 1：德育"双六一"

2010 年，我被调到了独山中学。学校安排我主管政教（德育）。这让我有些惶恐，因为在这方面我是"一张白纸"；也让我有些期待，我可以在这张"白纸"上描绘出别样的德育蓝图。经过几天的思考，我起草了一份德育"双六一"学年计划（思路"六个一"和建设"六个一"）。这份德育计划，被老师们戏称为"学校发展规划纲要"。

为进一步实现班主任专业化成长，我又起草了一份《班主任专业化成长助长方案》。它包括：每天读一些书籍、每周作一点反思、每月写一个案例、每期做一个课题，等等。实践证明，这对于提升全校班主任的综合素养是有很大好处的。当然，我自己更是从中受益不少。

小课题 2：做学生角度的德育

在日常工作中，我慢慢发现了一些问题：中小学德育的实效性并不强。我认为，如果单从学校层面来说，是德育角度出现了偏差。学校往往只是从"管理"的角度出发，而没有从"人"（学生）的角度切入。也就是说，我们大多只是在做"管理"的德育，而不是"人"的德育。于是，我和班主任们开始一边实施、一边研究着做"学生角度"的德育。

在我看来，做"学生角度"的德育，其实就是在做"学生视角、学生喜爱、学生受益"的德育，并以此促进教师也能"过一种理性基调的生活"。

"学生角度"的德育包括三层含义：（1）从目的来说，就是"以生为本"；（2）从内容来说，应做到"三贴近"（贴近时代、贴近实际、贴近学生）；（3）从方式来说，要以"学生为主体"。

为实现"人人独善其身、人人相善其群"的德育目标，我将其分解为12个"月主题"：真、善、美、知、和、行、写、读、算、勤、学、问；并开展"五好"德育活动：吃好饭，睡好觉，健好体，爱好美，读好书。这一系列做法，看似寻常，其实最接地气，最为有效。

这个德育小课题，我从2011年在独山中学时开始研究，2014年9月，在苦竹中学主管政教（德育）工作时，我便正好在该校全面实施。在全体班主任的努力下，这样的德育效果非常明显：学生就餐、晚寝纪律明显优化；校园卫生更加整洁；学生违纪、打架事件基本绝迹；学生辍学率直线下降，后来的一个学年里全校无一名学生流失（在农村中学，这几乎是绝无仅有的）；学校安全责任事故为零。相关文章发表在《中国教师报》《中国德育》等报刊上。

小课题3：关于"特别学生"的教育

许多时候，我们关注得最多的是留守儿童，但随着工作的深入，我发现，有三类学生更需要我们特别关注：一是家庭较为特殊（如单亲、孤儿、父母离异、父母残疾等）的学生；二是身体、心理等方面较为特殊的学生；三是学习习惯较差、学习基础薄弱的学生。其实，这三类学生往往与留守儿童重合，更是加大了教育难度。为便于表述，我姑且将他们称为"特别学生"。

在教育实践中，我慢慢地提炼了一套《特别学生教育"三字经"》。这对于全校对"特别学生"的教育起到了很大的作用。

四、关于选题著作

大选题 1：乡村教师突围

2013 年前后，当时的乡村教师待遇很低。就我个人而言，当时也进入了瓶颈期。于是，我便开始进行"乡村教师突围"的系统思考。

这方面的思考，其实原本持续了许多年，写了许多文章，只是相对比较零碎一些。经过几周的琢磨、整合，我萌发了出版《乡村教师突围》一书的念头。在我看来，乡村教师要想从平凡和贫瘠中实现突围，一方面需要国家在人力、财力等方面的投入；另一方面则需要教师与学校整体突围："心灵突围""理念突围""课堂突围"和"学校突围"。

此书在清华大学出版社出版后，曾在全国范围内产生了一定的影响。一些学校将其推荐给全校教师阅读，网络、报刊上出现了许多读后感。该书被选入"2014 年度影响教师的 100 本书""中国教育新闻网、《中国教师报》2014 年教师喜爱的 100 本书"。这是我始料未及的，特别开心。

大选题 2：乡村少年成长

我是一名乡村教师，面对的是乡村学生。他们的家境如何？他们的童年生活怎样？他们的性格为何如此？他们的学业问题在哪儿？他们怀有怎样的梦想？这一切都值得我们去探寻。

2016 年下半年，我教八年级语文，全班共 52 名学生。该班教师子女有六七个，各科考试成绩大多比较领先。但问题也不少，比如留守学生达到了七成以上，单亲家庭的孩子就有 11 个，学生成绩分化严重，等等。

2017 年元旦前夕，我在课堂上提出了一个想法：大家一起来写"乡村少年说"，也就是按照老师提供的话题，各自写出成长的经历和真实的心声。我还说，将来一定要结集出版。教室里顿时一片欢声笑语。哪个孩子不希望自己的故事写进书中呢？

于是，从那一天起，全班学生正式投入"乡村少年说"的写作。我将其分为"说课业""说课外""说师友""说家庭""说成长""说梦想"六个板块，共八十多个子话题。全班分成三组，每组每周一个话题，每个话题每人写三五百字即可。写作的要求非常简单，那就是"真实"。这样的写作方式，得到了几乎全班同学的欢迎。那些基础不好、害怕作文的同学，也一个个积极参与，都认为"有话可说"。

就这样，到 2017 年 6 月，这些话题都已写完。然后，我一一进行整理。同年年底，这本 23 万字的书稿便基本成形。后来，出版社将其命名为《乡村少年成长密码》。

可以说，这本书最真实、最朴实、最厚实地反映了当代乡村少年生活、学习等方面的成长状况。

大选题 3：整本书阅读

整本书阅读——"陪你读名著"是我给自己挖的又一个大坑。36 部名著，光是通读一遍就不是一件很容易的事，更别说给每部名著分别写一篇 5000 字以上的导读文章了。

然而，这个大选题我坚持做下来了，而且做出了结果：24 万字的《特级教师陪你读名著》一书出版！在做该选题的过程中，我还在《中国教育报》《语文教学通讯》《初中语文教与学（人大复印资料）》《黄冈师范学院学报》等报刊上发表了许多文章。

2017 年秋季，我主动请缨，给七年级学生开设一门"名著导读"课程。校长答应了，但我自己却犯愁了：这门课我能教吗？这么多的书我能读得完、读得懂吗？

开弓没有回头箭，一本薄薄的《朝花夕拾》我读了两三个星期；上下册的《西游记》我读了两个多月；一年下来，教案我写了十多万字；导读方式由最初的"点面式"，调整为"三步式"，最后演变成"一书一式"，初中全套正好是"36 式"；早晨读，夜晚读，周末写，逢年过节在读写，疫情肆虐时仍然在读写……终于，在 2020 年正月初十完成了整部书稿。

清华大学附属中学特级教师王君老师在该书序言中这样写道：

我觉得，这本书，真是作用多多：

可以把她当作"钥匙"来读，一把钥匙开一把锁。一篇文章打开一部书，很轻巧。

可以把她当作"镜子"来读，一面镜子辉映一种阅读思想，足以反观自省，很深刻。

也可以把她当作"渡船"来读，一艘船有一个节奏，既可从流飘荡，也可激流勇进，很自由。

而且这本书，老师读，学生也可读，一册在手，名著之阅读地图在胸也！

作为全国著名的语文特级教师，王君老师给予这么高的评价，这是我没想到的。把这个大选题做完了，我如释重负！

五、关于"小课题"与"大选题"

"小课题"与"大选题"有何区别？在我看来，其实并没有严格的区分，小与大也只是相对而言。大概只是因为个人投入的思考和实践，特别是所写的文字多少，最终才将其称为"大选题"或"小课题"吧。

做课题或做选题，难吗？彭端淑《为学》有云："天下事有难易乎？为之，则难者亦易乎；不为，则易者变难矣。"无论是小课题还是大选题，一旦选定，努力坚持，则"世上无难事"。

课题从何而来？来自实践，来自困惑，来自阅读，来自培训，来自感悟，来自梦想。正所谓，问题即是课题，梦想即是选题。如果某个时刻，感觉自己有所发现，有些疑难，那就赶紧给自己挖个"坑"吧，里面一定"有戏"。

教师成长一定需要做课题吗？答案是肯定的。只是有人只做没写，有人既做又写。没有写成文字，那样做的课题，是感性的，浅层的，是零碎的；一旦形成文字，并不断发掘，这样"做"的方式，将让我们"做"得更稳、更深、更远！

自千禧年至今，从"三十而立"到"五十知天命"，从"小课题"到"大选题"，我沉浸其中，常常"发愤忘食，乐以忘忧"。这让我既收获到一种看得见的专业成长，也体验到一种看不见的职业幸福。

第四辑

自我突围不设限

莫让"贫穷"限制了你的想象力

一、成功并不像你想象的那么难

《成功并不像你想象的那么难》这本书,曾让当时的韩国总统十分关注。这本书的作者,是一位到剑桥大学主修心理学的韩国学生。

在喝下午茶的时候,他常到学校的咖啡厅或茶座听一些成功人士聊天。这些成功人士包括诺贝尔奖获得者,某一些领域的学术权威和一些创造了经济神话的人。他们幽默风趣,举重若轻,把自己的成功都看得非常自然和顺理成章。

时间长了,这位韩国学生发现,在国内时,他被一些成功人士成功地忽悠了。那些人为了让正在创业的人知难而退,普遍把自己的创业艰辛夸大了。也就是说,他们在用自己的成功经历吓唬那些还没有取得成功的人。后来,这位青年获得了很大的成功,成了韩国一家汽车公司的总裁。

这个故事,我曾在一篇文章中引用过。在当时,对于"成功并不像你想象的那么难"这个命题,我的感受其实并不是很深。但转眼之间,一晃十年过去了,尽管今天的我并非所谓的成功人士,但谈及这个话题时,似乎多了一种云淡风轻。

真的,成功并不像你想象的那么难。成为优秀教师,成为卓越教师,也许真的并不像你想象的那么难。而究其关键,也许首先在于不给自己设限,在于积极主动突围。

二、我们常常被"贫穷"限制了想象力

"贫穷限制了我的想象力",这是一句网络流行语。此语曾在近3万网友参与并票选出的2017年十大网络流行语中,排名第三。它常常用来自嘲:有钱人的世界、有钱人的生活,我们一般人根本难以想象。

对于从教者而言,许多时候,我们也常常"被'贫穷'限制了想象力"。这里所说的"贫穷",既指物质上的相对贫困,更指知识上的相对贫乏、精神上的相对贫瘠、思想上的相对贫窘。

因为我们是基层教师,尤其是乡村教师,虽然温饱已不再是问题,但有些时候,往往还是因为经济上的不太宽裕,影响了自己的发展,影响了自己的行走方式。比如,在购阅图书方面,绝大多数老师并没有这样的主动意识。

同时,也因为所受的教育、所处的环境等因素影响,大多教师思考更多的是如何把学生的考试分数提上去,而在素养提升、课程建设等方面想的并不多,尤其是在个人的专业成长上往往表现出欲望不强、底气不足。

一个人,最怕的是给自己"画地为牢",把自己的思想和作为,限制在某一个狭小的空间里。我们最需要的,首先是心灵的突围。

三、现实往往比想象来得更精彩

许多时候,我们的思维容易形成这样的定式:理想很丰满,现实很骨感。事实果真如此吗?没有绝对的答案,更多的情况下,我们应当相信的是:事在人为,大有可为。

这个话题,我们可以稍稍拓宽一些。"楼上楼下,电灯电话",这是20世纪七八十年代国人对小康社会的最直观憧憬。然而,谁能想到一二十年后,大多家庭竟然跳过了这一图景,直接用上了手机;而到了今日,手机除了通话功能,还可以上网,并能购物、约车、买票、转账,这比我们当初所想象的,不知要精彩多少倍!

就教师成长而言,许多年前,老师们大多认为,在报刊上发表文章,那是教授、专家们的专利。谁能想到,我们身边的一些敢想敢做的老师,通过尝试

和努力，在报刊上发表文章几乎成了家常便饭，著书立说也并非传奇故事。与此同时，许多一线教师在一些论坛上，也包括大学讲台上作讲座，一讲就是两三个小时，就其效果而言，有时并不比教授、专家们差，甚至因其更接地气而更受欢迎。

四、成长的可爱，在于它有更多的可能性

一个外卖小哥、一个快递小哥的成长故事，让我印象深刻。

这个外卖小哥，便是大家所熟悉的雷海为。谁能想到，在《中国诗词大会》上，雷海为一路过关斩将，让主持人董卿忍不住高呼"小宇宙爆发"。最终，他凭着海量的诗词储存、稳重淡然的心态，获得了《中国诗词大会》第三季总冠军。

这个快递小哥，是大多数人并不熟悉的余建春。余建春来自河南新县。初中毕业的他，选择就读职业高中，后来上了郑州牧业工程高等专科学校，读的是畜牧专业。再后来，余建春成为物流公司的一名包装工，每天的劳动时间长达十几个小时。

只不过，余建春有一份特殊的业余爱好——喜欢研究数论。多年以后，他竟然破解了数论中长期困扰数学界的一大难题：卡迈克尔数的新判别准则。浙江大学数学学院的蔡天新教授，是数论方面的权威，他看了余建春的论文，大感惊奇，把余建春请到了浙江大学，跟他做了一次深谈，并在浙江大学的数学教室召开了一个小型的学术研讨会，请余建春介绍自己的科研成果……

雷海为、余建春的成长故事，或许有点儿特别，但多元智能理论告诉我们，人类的智能至少可以分成七个范畴（后来增加至九个）：语言智能、数理逻辑智能、空间智能、肢体运动智能、音乐智能、人际智能、内省智能、自然探索智能、存在智能。

多元智能理论告诉我们，每个人都应当有自己的特长，有自己的发展可能。这一方面，成就了世界的多样性；另一方面，也让我们每个人都能成为最优秀的自己。特别是在这个开放、多元的时代，只要不断努力、不断成长，我们就将越发优秀、越发可爱。

五、有一种素质,叫主动成长

某个年轻人十分崇拜杨绛。高中快毕业的时候,他给杨绛写了一封长信,表达了自己对她的仰慕之情,以及自己的一些人生困惑。后来,杨绛回信了,除了寒暄和一些鼓励晚辈的话语外,信里其实只写了一句话:"你的问题,主要在于读书不多而想得太多。"

语文教材里,有一篇名为《走一步,再走一步》的课文,其中有这样几句话:"不要想有多远,有多困难,你需要想的是迈一小步。这个你能做到。"

从平凡到优秀,从优秀到卓越,个人认为,关键在于拥有一种叫作"主动成长"的素质。能主动成长者,一定会把读书作为永远的课业;能主动成长者,一定会把学生作为终生的研究;能主动成长者,一定会把写作作为生活的常态;能主动成长者,一定会把求索作为职业的情怀。

愿以此共勉。

新教师面试"面"什么

教师招考既要笔试，也要面试。然而，面试到底"面"什么？这对于许多"准教师"而言是件让人很迷惘的事。笔者现将一些感悟梳理如下，希望能给即将参加面试的朋友，以及刚刚走上讲台的小伙伴们，提供一些有价值的帮助。

一、"面"你的综合素质

从你推开面试门的第一秒，你就进入了考官的视线。你的衣着，你的步履，你的语言，你的精气神，都是你给考官留下的印象。你千万不要以为，打分是从正式讲课才开始的；也不要以为，与上课无关的东西不在考官的考察范围之内。

所以，你应当着正装。比如一个男生，穿白色衬衣、深色长裤、黑色皮鞋，总能给人一种干练的感觉，或者说，让考官觉得你对这场面试很看重。谁愿意给连自己都不看重的考生打高分呢？步履从容稳重，语言温和有力，你的精气神就是你的气场，就是你的印象分。

当然，既然是综合素质，自然不止以上这些，它应当包含以下要说到的一些方面。

二、"面"你的教育教学理念

当下的教学，是以教师为主导、学生为主体的教学。因此，你的教学设计首先是眼中有"人",也就是有学生。这意味着,你的教学设计和教学推进,应当符合学生的年龄特征,也应当面向不同层面的学生。尽管面试现场并没有学生,但你应当有一种课堂的现场感,仿佛你的面前坐着几十个基础不一、性格迥异的学生。

当下学生的学习方式主要有三种:一是自主学习,二是合作学习,三是探究学习。无论哪种学习方式,在面试时(即便是真正的课堂教学,也大多如此),实际上都是在教师的有效指导下来完成的。当然,不是所有的问题都适合合作与探究;所有的合作与探究,都应当立足于独立学习的基础之上,一定不要为了追求所谓的新理念而本末倒置。

这是一个信息时代,学校教育越来越重视信息技术的利用。比如《丝绸之路》一文,可以利用网络呈现出丝绸之路的线路图。

好孩子是夸出来的,教学过程中,教师应以赏识教育为主。因此,在你的课堂上,不要吝啬你的表扬。当然,表扬不仅仅是"答对了""说得好"等单调的语言,应当尽可能地丰富多彩、与时俱进一些。

三、"面"你的教材解读能力

一位合格的教师,他一定知道,这一课应当让学生学到些什么。大体来说,学习一篇课文,不外乎这些方面:生字词(最基础的积累),文章的基本内容(写了什么,比如记叙文的六要素),段落层次(分几步来写的,但现在一般很少用"分段"这一说法),人物特点(如果是写人的文章),事件意义(如果是以记事为主的文章),人文价值(那些真善美的东西),写作技法(文章结构、修辞手法、表达方式、美词佳句等)。

把这些东西挖掘出来,便是你将要"讲"的东西。确切地说,这将是你的"教学内容"。但面试毕竟不是真正的课堂,它只有 10 分钟或者 15 分钟,你想面面俱到是不现实的。这时候,你得学会取舍,把你认为最有价值的东西留下来,把基本的流程留下来,其余的东西根据实际情况取舍。

当然,教学内容还应当包括学生能力的培养,比如说话能力、朗读能力、作文能力等。如一些优美的散文、诗歌,如果没有入情入境、绘声绘色的朗读,这样的课堂是不完整的。

四、"面"你的教学设计能力

解决了"教什么"的问题,还应当解决"怎么教"的问题,这就是教学设计能力。一般而言,一篇课文的教学(还是以阅读教学来谈,毕竟这是语文教师面试的常规内容)可以从以下几个步骤开始。

一是整体感知(本文写了些什么),二是局部探究(文章的重点部分),三是语言赏析(细节描写、修辞手法、字词推敲等),四是拓展延伸(从课内走向课外)。但还有两点不容忽视,那就是人文价值和科学精神。这两方面的内容,应当渗透在课堂的相关环节。

当然,这只是一种较为普遍的方法。你如果能掌握一些技法,有时可以出奇制胜。比如,可以从课题上来设计整体感知的问题。如《窃读记》——"我"在哪里窃读?"我"如何窃读?"我"的窃读有何感受?整个教学过程紧扣"窃读"展开。

再比如,古诗词教学,你不妨按照"读得来"—"背得来"—"讲得来"—"品得来"这样的流程来设计教学。这样的设计,脉络清晰,层次分明,环环相扣,步步为营。

五、"面"你的课堂把握能力

具备了现代教育理念,解读好了教材,设计好了教案,一般来说,教师只要按照计划有序推进就好了。但在这里,笔者想强调两点:一是注意过渡语,二是把握好时间。

把教师的课堂语言组合在一起,其实就是一篇文章。写文章要注意起承转合,面试也不例外。起承转合之间的过渡,最简单的办法,就是使用"首先、其次、第三"等。当然,你也可以用小结前一环节、提示下一环节这种方式。如果你还有更诗意的转换,自然更好。过渡自然,考官会认为你的教学层次清晰,富有条理。让考官的思维紧跟你的节奏,自然是一件好事。

面试时的时间把握，太重要了。无论标准时间是10分钟还是15分钟，你最好提前30秒甚至1分钟就结束你的教学任务。为了让自己面试时更从容，你可以事先设计好每一环节的具体时间。

一般来说，提前3分钟或1分钟，考务员（计算机）会发出提示。当听到提示时，你不要紧张，只需要把授课内容在有效时间之内有序地完成就好。千万不要拖堂，不要以为你说的越多，便是讲得越好；相反，即便有某个环节没按计划完成，也不要说"由于时间的关系，某某东西还没讲"之类的话。几个小时甚至一整天下来，考官们早已疲惫不堪，他们未必就知道你要讲的内容没讲完。这样强调，反而可能"画蛇添足"，影响自己的印象分。

六、"面"你较有优势的个性特长

你的课如果讲得平常，你的面试得分也一定平常。你要想获得一个较高的分数，就要展示亮点。比如，你的字写得很漂亮，面试时加上一个漂亮的板书设计会为你加分；你的朗读很出色，一开口就语惊四座，会为你加分；你的演讲有激情、有感染力，精彩的导入会为你加分；你的文学积淀不错，在导入、讲授等环节适当地引用一些诗词名句，会为你加分。

如果你没有上述特长，不妨设计一个仿写环节，也会为你加分。比如，儿童诗《我想》的教学结尾，当学生亮出他们的仿写后，你不妨站在教师的角度来仿写两句：

> 我想把我的语言，化作一碗鸡汤
> 它清香扑鼻，静静流淌
> 淌啊，淌——
> 淌进你寂寞的心房
>
> 我想把我的爱，化作一道霞光
> 它既不耀眼，也不迷茫
> 荡啊，荡——
> 荡亮你前进的方向

七、"面"你的一些细节

细节无处不在,细节决定成败。

关于细节,在综合素质这一环节其实已经提及。因为一切细节都是综合素质的体现。但在这里,笔者还要强调一些值得注意的问题。

(1)微笑。微笑,是最好的名片;微笑,是情感沟通的最佳润滑剂。多一些舒心的微笑,少一些眉头紧锁,你将会为自己多赢得一些印象分。

(2)眼神。眼神,不要躲避,也不要注视。躲避,考官会以为你胆怯心虚;注视,会让你和考官都觉得尴尬。比较合适的方式,是把目光的焦点放在考官的额头上,或者鼻梁到嘴巴的三角区。以这样的高度,不时地和场上的几位考官进行一些无声的交流。

(3)站姿。站姿要端正,双脚不要频繁地来回走动。站立的姿态,其实也是一种沉稳、从容的表现。

(4)说话。口头表述,应简明扼要,不要重复啰唆。语速应适中,音量应合适,力求抑扬顿挫、谈吐自如。既要保持你的气场,也要保持你的亲和力。

(5)板书。板书宜少不宜多,宜美不宜乱。备课时,应当将板书设计出来,做到心中有数。板书时,要特别注意,别写错别字,别把笔顺写错了。

八、面试前夕,你该如何有效突破

考官要考察的东西,自然不止以上这些。但你把这些方面都做好了,面试成绩一定会比较好。

也许你会说,这么短的时间,我又怎么能达到这么高的要求呢?其实,功夫要靠平时积累,所谓"台上一分钟,台下十年功"。

那么,有什么好办法能够多快好省地搞好面试呢?

第一,你可以建构一个相对稳固的课堂流程,就像一座房子,框架建构好了,无论什么材料,只要往里面合理地填补就好了。

第二,你要把有可能面试的课文尽可能地熟悉一遍,至少在面试之前的备课时,你会觉得很"面熟",不需要花费过多的时间去熟悉课文。

第三，你要尽可能多地试教。这样，一方面可以增长一些技能、技巧，另一方面也可以有更大可能碰上"真题"（原文）。果真如此，你的胜算就大多了。

第四，有空多练习朗读，多练习板书。深情的朗读，既可以表现你的语文素养，又可以帮你更深层次地解读课文。"板书"与"纸书"，无论是写字的材料，还是写字的姿势，都是有很大区别的。板书是一种美学设计，好的板书能让人赏心悦目，如沐春风。

新教师最希望提升的十种能力

新教师要想在专业方面有所成长,最希望提升的能力包括哪些呢?

笔者设计了一张问卷调查表(见表4-1),并将其单独发送给本校近五年来新招的教师(3男8女),并叮嘱他们独立填写,互不参照,以让笔者所了解的信息相对客观一些。

表4-1　新教师专业成长最希望提升的十个方面的能力问卷调查

姓名		性别		出生年月	
任教起始时间			任教学科		
序号	你认为专业成长最希望提升的十个方面的能力（从主要到次要）		请简要说明理由		
1					
2					
3					
……					

最终,有10名新教师按时交来了调查表。从填写的情况看,绝大多数人填写得很认真。一名女教师说,她用了一个多小时才填好;更多的教师说,这样的问卷调查,本身就很有价值,可以较为系统地思考自己的专业成长。

现将问卷情况,结合个人理解,略作梳理。

一、幸福从教的能力

冯老师认为,一名教师应当提升自身的幸福感受力;只有健康快乐生活,才能健康教育教学;培养业余爱好,健全人格,提升审美能力,增强幸福感。丁老师认为,有健康的心理素质,有正确的三观,有利于工作和生活;为人师表,教师自身形象对学生具有示范性和感染性。柳老师认为,兴趣是最好的老师,也是能够坚持几十年如一日从教的动力,如果仅为了生活而教书,必然是麻木的;态度决定一切,要培养教师积极健康的心态。

二、了解学生、走进其心灵的能力

柯老师认为,只有了解学生,才能更好地因材施教;要具备心理咨询和团体辅导能力;学生心理健康和身体健康同等重要。丁老师认为,提高自己与学生的交往能力,有利于建立良好的师生关系,可及时了解学生的思想动态。方老师认为,每个人都需要被肯定、认可,教师要提高欣赏、赞美学生的能力。柳老师认为,学生是教育的对象,只有了解学生,才能教好学生。冯老师认为,分析学生心理,针对"00后"学生的心理特点可以更好地开展教学。乐老师认为,针对英语学科,如何有效地提高学生的学习兴趣,可开展多一些的培训;初中英语在农村片区来讲,是个难题,很多学生在七年级才开始真正接触到英语,面对大量的词汇和句型结构,真的无从学起,作为教师,始终难以真切地解决这个问题。

三、终身学习能力

方老师认为,及时汲取鲜活的营养,活到老,学到老。袁老师认为,时代在发展,知识也在更新,只有坚持学习,与时俱进,才不会落后。冯老师认为,一名教师应当跟上新时代,更新教育理念,培养新型人才。洪老师认为,活到老,学到老,作为教师要传道授业解惑,更应该与时俱进,不断自我学习,自我提高,随时更新自身知识储备。司老师认为,唯有学习,才能不断完善知识系统，不断更新教学理念。曾老师认为，应当努力提升生物专业知识水平，学习各种新知识，适应时代的发展。

笔者想补充一点，大家都意识到需要终身学习，但是如何进行学习、阅读哪类图书等方面，还是比较空洞。可见，这些方面还需要不断加强。

四、反思能力

丁老师说，通过反思可以不断改正自己的不足。曾老师说，应及时反思，归纳整理教学感想，希望通过反思能让自己每年写出一篇高质量的教育教学文章。冯老师认为，教师具有反思总结能力，更能找出课堂出现的问题，提高课堂效率。洪老师认为，反思能够促进我们自身的成长与发展。教师为什么要反思？

笔者认为，教学反思，不光是想，更重要的是写。写出来，才是真正的反思。只有动手写教学反思，才能在求真、向善、唯美等方面得到长足的进步。求真，即客观审视教学得失；向善，即努力完善自我人格；唯美，即不断追求艺术境界。

五、写作能力

提高自身的写作能力，对于新教师的成长来说尤为关键。遗憾的是，参与问卷调查的老师们都没有提出这一点。笔者认为，一名教师唯有坚持写作，才可能在个人修为、课堂教学、教学研究等方面得到持续的发展。因为唯有写作，才可能实现从碎片思维到系统思维、从感性思维到理性思维、从浅层思维到深层思维的转换。

笔者将教师写作的好处，总结为"七度"的提升：高度、宽度、深度、厚度、纯度、效度、温度。比如，高度，追求教育的高度，也就是追求人性的高度，追求真善美的高度；宽度，由"教书"向"育人"的拓宽，由"好学生"到"好公民"的拓展；深度，由外在向内在，由现象向本质，是对教育规律的一种追求。

六、语言表达能力

冯老师认为，语言表达能力是教师的教学基本功，关乎着教学质量。柯老师认为，语言是教师传播知识、与学生交流的主要手段。方老师认为，语言是表达和交流的工具，教师的表达能力直接影响教学效果；打动人心的朗读，更能感染学生，从而激发他们的学习热情。

七、解读教材、用好教材的能力

丁老师认为，课堂教学设计和组织能力，是上好一堂课的灵魂所在。方老师认为，教师吃透教材，明确重难点，授课时才能有的放矢。袁老师认为，好课的标准是内容正确，课堂充实，突出重点，语言表达得体，及时反馈教学成效。冯老师认为，应当更好地把握教材，把握学生，把握课堂。乐老师说，尽管教学多年，但是解读教材、用好教材的能力并没有提高多少。目前来看，可以把握的是，一个单元的知识点贯穿得比较好，但是每一节课上，实践起来，并不能完成得很好；面对不同的班级，同一知识点有时候必须区别地教；尤其是拆分教材，分步骤地施教是她近期面对的难题。

八、课堂管理能力

柯老师认为，教师在教育教学过程中起主导作用，对学生来说是领导者、组织管理者，所以必须具有相应的管理能力。丁老师认为，良好的课堂秩序有利于课堂活动的开展。方老师认为，好的纪律与教学环境是一节课得以顺利完成的前提。

九、教育科研能力

柯老师认为，教育是富有创造性的工作，需要不断地研究与探索。洪老师认为，有良好的教育科研能力，才能了解教育的本质与规律。曾老师认为，应当及时了解生物科学的最新动态，积极尝试教学改革。

教师的教育科研，究竟研究什么？简单地说，就是研究学生，研究教材，研究教法，研究课堂，研究学校，研究考试等。尤其是通过一些小课题研究，不断地挖掘自我，丰实自我，完善自我，这既是教育教学的需要，也是幸福人生的需要。

十、运用信息技术能力

袁老师认为，一名教师应当擅长课件制作与设计，更好地掌握PPT、word等办公软件。曾老师认为，要充分利用网络资源，多学习、多交流；利用网络多下载和学习教学资料、教学课件，提升自己的业务水平。

中青年教师如何"突围"

也许是受了余秋雨《苏东坡突围》一文的影响,我才有了"乡村教师突围"这个立意,进而完成了同名书稿。

记得许多年前,我第一次看到"苏东坡突围"这个标题时,对"突围"二字感到惊愕。细读文本之后才领会到,苏东坡所突破的,是一种"谁见幽人独往来?缥缈孤鸿影"的心境之围,一种"拣尽寒枝不肯栖,寂寞沙洲冷"的思想之围。

一、是什么"包围"了乡村教师

包围着乡村教师的东西,大概不外乎四个方面:

一是工资待遇方面。经济收入与 GDP 增长速度不成比例,与其他诸多行业相比差距较大,横向比较弱势明显,养家糊口捉襟见肘。

二是劳动性质方面。工作时间长,竞争压力大,学生底子薄;家庭教育的缺失,社会环境的裹挟,导致许多乡村教师身心俱疲,体脑乏力。

三是专业技术方面。固有的知识储备,难适现实之需;传统的教学方法,不堪课改之重;专业发展进退维谷,课程改革举步维艰。

四是精神体验方面。"寂寞地坚守"并没有换来尊重的目光;"太阳底下最光辉的职业",但并没有享受到职业的"光辉"。

显然,在工资待遇方面,唯一的办法是国家财政和地方财政更多地投入。事实上,在这一方面,从中央到地方已经开始行动,比如对在连片特困地区工作的乡村教师给予生活补助,便是一项有力的措施,这让我们看到了希望的曙光。

二、乡村教师何以"突围"

"改变你所能改变的，接受你不能改变的"，这无疑是一种充满智慧的生存方式。对于乡村教师而言，我们所能改变的，应当包括思想情绪、思维方式和行走姿态。因而笔者认为，无论是从教育良知出发，还是从生命状态来看，我们既有可能也有必要，更大限度地发扬我们所固有的勤劳、淡泊、朴实和坚韧等优秀品质，去实现心灵的突围、理念的突围、课堂的突围和学校的突围。

心灵突围，需要我们用个体行为去把握幸福：心怀感激，生命便有了阳光和温馨；心怀忠诚，灵魂便有了责任和宁静；心存真爱，生活便多了自然和天真；心能上进，旅途便有了灵动和风景。需要我们拥有一颗"古仁人之心"：既能"拿得起"，又能"放得下"，还可以"看得开"。实现心灵的突围，最好的方式是"读万卷书"：读书至乐在宁静，在宁静中提升素养，在宁静中保持理性，在宁静中执着践行，通过阅读完全可以成为一位"明师"——明白自己的优势与不足，明晰学生的需要与困惑，明确教育的旨归与起点。

理念突围，首先要让自己成为一个"大爱•大智•大写的人"："大爱"即是爱自己、爱生活、爱职业、爱团队、爱公平；"大智"便是善学习、善蹲下、善造势、善欣赏；只有让自己先成为一个"大写的人"——有信仰、有思想、有人格、有修为、有力量，我们的学生才可能成为一群"大写的人"。理念突围，需要我们做"学生角度"的德育，也就是做"学生视角、学生喜欢、学生受益"的德育。需要我们有热爱学生的情怀，有读懂学生的能力，有培养公民的使命，更有与时俱进的行动。需要我们既有"正能量"，更有"正方向"：如果说"正能量"是一种激情、一种心态，那么，"正方向"则是一种责任、一种情怀，这种责任与情怀，便是让教育的每个时刻都名副其实地体现着"生命在场"。

课堂突围，需要我们具有一种"理想主义的态度"——"为劳动而生活"，把教育作为灵魂的一个枢纽工程，作为生命的一种表达方式，去追求和演绎一种"生命的课堂"：用知识"吻醒"生命，以生命"吻醒"知识，在知识落实、精神愉悦的基础上,始终贯穿着生命的召唤。需要我们用良好的心态去校本教研,"求真·向善·唯美"地进行教学反思:客观审视教学得失,努力完善自我人格,不断追求艺术境界。需要我们探寻并遵循着教学规律:关注"人",突出"学";低起点,慢爬坡;先"教死",后"教活";堂堂清,人人过。需要我们驾驭好有效教学的"三驾马车":知识教学,课堂管理,习惯催逼。需要我们理顺开放课堂的辩证关系,坚持一种"中庸之道":放开展示,不放指导;放开体验,不放示范;放开对话,不放效率;放开课堂,不放质量。

学校突围,首先要有一种"办好学校并不难"的办学自信:只要具备了事业心和主见,办一所成功的学校,也是非常自然和顺理成章的事情。学校突围,需要我们迅速补上文化课:兼容并包,接纳和传承优秀的文化基因,不断丰富学校文化;并以此教化人,塑造人,熏陶人,补全学校的"文化短板",名副其实地实现"文化育人"。需要我们明确并缩短与知名学校的距离:它不是物和屋的距离,而是人和仁的距离;不是时间和空间的距离,而是理念和信念的距离;不是与教育质量的距离,而是与教育规律的距离,也是校长与正确理念的距离,教师与专业书报的距离,学生与良好习惯的距离,学校与校本课程的距离。需要我们积极打造"公民校园":规则意识强,行为举止美,文化氛围浓,教育质量高。需要我们紧扣关键词,培养好公民:生命在场,生活在线,规则意识,学科渗透,言传身教。需要我们用真机制、真行动,去锻造真教育家,去真正提高我们的教育教学质量。

三、从"突围"到"成熟"

1985年,我开始走上乡村小学的讲台,成为一名民办教师;后来考入中等师范学校,转为公办教师。在30多年的乡村教育生涯中,我一小半时间在乡村小学,一大半时间在乡镇初中。

其间,我既当过纯粹的科任教师,也做过学校的教研主任;既主管过德育工作,也主持过教学工作;工作过的学校方面,既经历过最终撤并的无奈,也体验到连续辉煌的喜悦;个人的考绩方面,既常常领会到名列前茅的快慰,也偶然品尝到失落;家庭生活上,既有过亲人病重入院的揪心,也有过孩子成绩不佳的惆怅；个人的发展上，既有过大众瞩目的幸福，也有过频繁调动的郁闷，既有过"才子校长"的公认，也有过职称评定失利……作为一名乡村教师，可谓尝尽了人生百味。

与我有着相同或类似经历的乡村教师何止千万！大概也正是那些平淡而曲折的生活阅历，让我们不断地实现着或小或大的"突围"，也让我们逐渐地成熟起来。

何谓成熟？内涵最丰富的阐释，大概还是《苏东坡突围》中的那一段文字："成熟是一种明亮而不刺眼的光辉，一种圆润而不腻耳的音响，一种不再需要对别人察言观色的从容，一种终于停止向周围申诉求告的大气，一种不理会哄闹的微笑，一种洗刷了偏激的淡漠，一种无须声张的厚实，一种并不陡峭的高度。"

教师成长要有"三线"战略

每到评职称之季，总如风乍起：吹皱一池池秋水，吹动一颗颗师心。此时此刻，怨天尤人者有之，自怜自艾者有之，意气风发、志在必得者亦有之。作为"奖励性"而非"福利性"的职称评定，僧多粥少，乃是必然。如何在琐碎的事务中持续发展，在平凡的岗位上脱颖而出？这需要教师有"战略意识"，而不是临时抱佛脚。

一、主线思维：教好书，育好人，养好心

主线思维，就是抓住主要矛盾，做好本职工作，打牢发展地基。对于教师而言，教书育人永远是工作轴心和事业主线。这便需要我们努力做到"三好"。

1. 教好书

何谓教好书？简单地说，就是学生喜爱，同行肯定，教学效果好。如何教好书？个人认为，一是坚定教育理念。课堂教学是师生共建、教学共生的过程，笔者始终信奉"中庸课堂"：放开展示，不放指导；放开体验，不放示范；放开对话，不放效率；放开课堂，不放质量；等等。二是力求"三维合一"，也就是在教育教学中，力求"知识与能力、过程与方法、情感态度价值观"等三维目标水乳交融、同步达成。三是把握"死活律"，也就是在知识的传授过程中，该"教死"的要教死记牢，该"教活"的要活学活用。"教好书"说起来容易做起来难，于漪老师说："与其说我做了一辈子教师，不如说我一辈子

学做教师。"因此,我们要活到老,学到老,琢磨到老。

2. 育好人

"千教万教,教人求真;千学万学,学做真人。"教育的根本目的,在于培养能适应时代发展的合格公民。在笔者看来,我们应当努力使全体学生成为这样的人:自立的"自然人"——健康独立,富有情趣;自律的"社会人"——遵纪守法,合作互信;自主的"学习人"——崇尚科学,主动求知;自强的"成功人"——勇于创新,百折不挠。这需要我们做"四有"好教师,言传身教,春风化雨。

3. 养好心

要想教好书,育好人,教者要始终怀有一颗初心:对学生,有教无类,怀有深情;对自己,保持宁静,精益求精。若能如此,我们便能"常德不离,复归于婴儿"。这将是一种十分纯净的从教心态,一种非常快乐的工作状态。养好心,健好身,"健康工作五十年,幸福生活一辈子",于己、于家、于校、于国,都是大好事。

二、长线投资:勤阅读,勤写作,勤积累

长线投资,通俗地说,就是把个人的专业发展作为一种事业来经营,作为一项目标来奋斗——只有更好,没有最好;只有更强,没有最强。长线投资,绝非短线投机。这需要我们努力做到"三勤"。

1. 勤阅读

常言道,有关家国书常读。对于教师的专业阅读而言,个人认为,既提倡"开卷有益",更强调"读书有方":读书与读屏相结合,闲读与典读相结合,兴趣与强迫相结合,读书与研究相结合,读书和时代相结合,散读与群读相结合,学科和通识相结合,读书与读报相结合,读书与读人相结合,读书和作文相结合。

2. 勤写作

阅读和写作，是教师专业成长的必由之路，也是教师专业成长的阳光大道。教师专业写作并非文学创作，作为教师应常写读书笔记、教学叙事、教学反思、育人手记等。教师写作要有作品意识，也就是要努力写成精品，随时准备着参赛、投稿。笔者曾在一些论坛上提出这样的写作意见，可供参考：（1）博观而约取，厚积而薄发；（2）想大问题，写小文章；（3）用教育之眼，看世间之事；（4）既需要迎合，也需要引领；（5）积小片段，打"组合拳"；（6）既坚持自我，又突破自我；（7）在做中学，在写中想；（8）突发事，缓着写，朦胧眼，明白看；（9）写好文章，建好体系。发表文章，其实并不像想象中那么难：带着泥土的芳香，饱含一线的智慧，这恰是报刊的最爱。

3. 勤积累

教师要勤于积累，善于积累。这里的积累，应当是全方位的、经常性的：一段浅浅的阅读笔记，一个小小的写作灵感，一个不错的教学创意，一回不俗的教学反思；每一次的展示舞台，每一次的培训机会，每一次的大小赛事，每一次的自我磨砺……这一切，尽管有点儿琐碎，有点儿熬人，但每一桩、每一件都是自我积累、自我成长的好机会。"合抱之木，生于毫末；九层之台，起于累土；千里之行，始于足下。"积少成多，集腋成裘，由量变到质变，由缓冲到飞跃，闲备急用，何乐不为？假以时日，那些东西托起的不仅仅是荣誉与职称，还有思想与素养。

三、曲线发展：拿得起，放得下，望得远

道路是曲折的，前途是光明的；公平是相对的，追求是永恒的。荣誉评选、职称评定，莫不如此。因而，这需要我们能够拿得起，放得下，望得远。

1. 拿得起

拿得起，也就是要勇于承担、敢于挑战。当前的班级管理工作（尤其是在寄宿制学校里），大概是学校最艰苦的一项工作，"问题学生"、蛮横家长常常

让人头疼不已；工作时间长，繁杂事务多，心理压力大，需要班主任有一副健康的身体和一颗强大的心脏。但是，班主任也是最容易出智慧、出成绩、出荣誉的岗位。此外，还有学校的中层领导、教研组长、备课组长等岗位，也具有一定的挑战性。最容易一炮打响、一夜走红的机会，莫过于优质课比赛，但这同样需要千锤百炼、千淘万漉、千辛万苦。正如冰心的诗中所说的那样："成功的花，人们只惊羡她现时的明艳！然而当初她的芽儿，浸透了奋斗的泪泉，洒遍了牺牲的血雨。"

2. 放得下

放得下，也就是要直面现实，宠辱不惊。教育是一种十分复杂的脑力劳动，决定教育效果好坏的因素有很多。虽然常胜将军不时有之，但常胜将军也偶有马失前蹄的时候。无论是日常的教育教学，还是中高考成绩，还包括荣誉评选、职称评定，不理想、不如意、不开心甚至是不公平的事情偶尔有之。因而，这需要我们练就一颗"不以物喜，不以己悲"的平常心：即便疼痛，也要释怀；即便跌倒，也要爬起；即便受伤，也要振作。若能如此，你就是一个拿得起的生命强者、放得下的生命智者。

3. 望得远

望得远，也就是要高瞻远瞩、执着前行。无论是顺利还是失利，是痛快还是痛苦，教师应始终站得高，望得远。站得高，也就是要站在为社会培养"四有"新人（有理想、有道德、有文化、有纪律）的高度来思考教育；望得远，也就是从时代发展、人的发展的角度来实施教育，"教学生三年，为他们负责三十年"。从教师自身发展来看，望得远，还应该坚定理想，执着前行，让每一个日子都成为生命提质、学养提高、智慧提升的美好时光。若能如此，也许在某一个不经意的时刻，你便成为名师乃至教育家。这便是"莫愁前路无知己，天下谁人不识君"。

从教师的专业发展来看，既要有战略上的宏观把握，也要有战术上的行为跟进。若能如此，职称的问题便不是问题，顶多只是一个暂时性问题。

名师应有的特质

谈及这个话题，笔者颇为惶恐，但梳理起来，又觉得很有必要。因为通过这样的梳理，我们可以把这些特质作为奋斗目标。就笔者的理解，作为一位名师或特级教师，至少应具备以下特质。

一、有自己的教育理念

笔者认为，一名教师的教育理念，就是他对"希望把学生培养成怎样的人"这一问题的描述。教育的过程，本是将一个自然人培养成为有主体性的社会人的过程。笔者的教育理念，乃是希望把全体学生都培养成为合格的、优秀的时代公民。具体来说，即是能够"四自"的人：（1）自立的"自然人"——健康独立，富有情趣；（2）自律的"社会人"——遵纪守法，合作互信；（3）自主的"学习人"——崇尚科学，主动求知；（4）自强的"成功人"——勇于创新，百折不挠。笔者希望自己的每节课，都尽可能地从一个或几个方面体现出这种教育理念。

二、有自己的课堂主张

在教育理念的统帅下，个人认为，我们的课堂都应尽可能地具有"四生"状态：（1）生命在场，即尊重课堂上每一个性格迥异、基础各异的生命个体；（2）生活在线，即善于将教学内容与生活实际巧妙连接，让学生能学到、能习得"活的知识"；（3）生态平衡，即课堂上的人与物、师与生、好与次、动与静、自学与讲授、个体与群体等要素，都能尽可能地保持一种动态的平衡；（4）生长自然，即通过创设适宜的环境，以适当的活动，让每个学生能主动地学习，并养成良好的习惯，进而得到健康的成长和自主的发展。

三、有自己的文本解读

解读文本，应当如庖丁解牛："彼节者有间，而刀刃者无厚；以无厚入有间，恢恢乎其于游刃必有余地矣……"这就需要教者能经常性地"素读"课文，对自己的解读能力有信心。比如，《走一步，再走一步》一文中的"爸爸"帮助"我"脱险，可以分解为四步：（1）让"我"平静："'下来吧，孩子，'他带着安慰的口气说，'晚饭做好了。'"（2）给"我"信心："你需要想的是迈一小步。这个你能做到。"（3）化难为易："不要担心接下来的事情，也不要往下看，先走好第一步。"（4）减轻压力："爸爸强调每次我只需做一个简单的动作，从来不让我有机会停下来思考下面的路还很长……"在此基础上，我们还可以从中提炼出三个关键词："心态""方法""行动"。我们不妨试想一下，帮助我们解决现实生活困难的，又何尝不是这三个关键词呢？

四、有自己的课模建构

建模，是为了理解事物而对事物做出的一种抽象提炼，是对事物的一种无歧义的书面描述。余映潮老师的"主问题设计"和"板块式教学"，便是他常用的课模。在"黄冈市推荐湖北省第十批特级教师讲课考核"中，笔者所运用的"层进式阅读"教学方案，便是多年来构建的一种阅读教学模式。此外，文言文和古诗词教学中，笔者常常用到的"读得来—背得来—译得来—讲得来"的"四来"模式，作文教学中的"从一个层面写人""怀一种感悟叙事""怀一种情愫写景""分一些层次说理"等写作模式，整本书阅读中的"通读—梳理—聚焦"的层级阅读模式等，运用起来，大多能得心应手。当然，建模是便于抽象，变模则利于活用，出模则臻于化境。

五、有自己的素养积淀

因为家庭环境、学习背景、学校文化、学科特点、个人追求等方面的各不相同,教师之间的素养积淀也千差万别。但笔者认为,作为一名教师,特别是名师或特级教师,有两种素养必不可少:一是人文素养,二是理论素养。人文素养应包括"人"和"文"两个方面,理论素养则主要是指教育教学方面的理论积淀。同时,专业成长和素养积淀的关键在于主动:能主动成长者,他一定会把读书作为永远的课业,把儿童(学生)作为终生的研究,把写作作为生活的常态,把求索作为职业的情怀,把讲台作为生命的绽放。长此以往,久久为功,我们一定能在某一天"万里长江横渡,极目楚天舒"。

上面的几点阐述,或许只能代表笔者个人所理解的"特质"。如果将其说得更通俗、更接地气一些,那就是努力做到"四得":一是站得讲台,也就是课堂教学能做到学生喜爱、同行肯定、质量优秀;二是写得文章,也就是能够写好学科论文、写好管理文章、做好各种演讲;三是懂得管理,也就是在同一学校或同一学科团队内,能引领思想、因势利导、整合资源;四是坐得冷板凳,也就是能静得下、坐得住、想得开,能认识自我、勉励自我、修炼自我。

若能如此,即便不是名师,也胜似名师;不是特级教师,也胜似特级教师。

通往特级教师之旅

教育这块土地，说不上丰沃，也谈不上贫瘠。也许是机缘巧合，也许是造化弄人，总之，在这块热土上，我拥有了属于自己的一亩三分地。

在这一亩三分地里，犁土播种，浇水施肥，转瞬之间，已有三十五六年了。当年的无心插柳，后来的努力生长，便有了今天的"柱子老师"。

一、突击：从民办到公办

14岁那年，我不出意外地中考落榜了。这对于一个农家子弟来说，将意味着永别于学校和书本，意味着将要开始种田或学艺，也意味着没有了所谓的前途和吃商品粮的机会。

农民该干的事情，我大体都干过。有一首诗，我记下了寒冬腊月、长夜漫漫、孤身一人看坝的情景。

看　坝

太白湖，浪打浪。屋前是波涛，屋后是坟场。
打地铺，点油灯。破书已翻尽，最怕半夜醒。

在那个文化贫瘠的年代，许多午后，许多夜晚，许多无所事事的时日，我还能够保持着对书籍的一种渴望。《苦菜花》《薛刚反唐》《月唐演义》等文学作品，陪我度过了充满失落和迷惘的两年失学时光。

16岁那年的8月底，我侥幸地经过了村委会、管理区两级组织的招聘考试。就这样，我成了一名民办教师。

那时上课的具体情形，留在记忆里的画面并不多，但有两件事却时常想起，并让我受益良多。

一是练毛笔字。课余时间，我喜欢写写毛笔字，主要是临写柳体。我还用毛笔备过课。

二是学普通话。春夏之交，我常常拿着语文课本，信步走在校园周边的田埂上，尝试用普通话朗读课文；有时也找来一两张报纸，自主训练。那田地里新翻的泥土的气息，那虫鸣鸟叫的声音，似乎还留存在脑海中。

那时，没有中师文凭的教师都要参加"教材教法""专业合格证"考试。后者要考语文、数学、教育学和心理学。这对于许多民办教师而言，是很困难的。

好在我那时年轻、单纯，可以全身心地扑在学习上。专业合格证考试并没有难住我，我一次性过关，而且分数还挺高。

这期间，我还报名参加了中师函授。这种学习，大多以自学为主，有时周末也参加本镇教育组组织的函授。两年后，我获得了我的第一个文凭：中师毕业证。

成为民办教师的第三年暑期，我又被调到了本管理区的另一所小学。当时该校正在兴建教学楼，老师们办公和住宿都挤在一间大教室里。我不喜欢闲聊，空闲时间便专心练习写钢笔字。记得曾临写一本《红楼梦》诗词的字帖，写着写着，我不知不觉地把里面的诗词都背了下来。

在这所学校里，我第一次参加全镇小学语文教师赛课活动。此时，我在讲台上摸爬滚打刚好五年。因为赛课效果不错，后来代表全镇参加县里的优质课比赛。这对于一个民办教师而言，是非常难得的一次锻炼机会。

22岁那年，我终于有了考师范学校的资格。那年的考试，是与中考同步的，考语文、数学、政治三科。5月上旬，本镇组织了资格考试。符合条件的，大概有三四十名教师。我考了第十名，刚过资格线。

接下来的日子，我几乎是用一种悬梁刺股的方式突击复习。理由很简单，我要"跳农门"。这是我从走上讲台的第一天起便有的梦想。

在不到一个月的时间里，我把从书店里买来的两套复习资料，共6本，啃了个滚瓜烂熟。后来，我也用一首小诗，记录了当年废寝忘餐、苦学备考的情形。

考师范

资格考，镇十名。中考仅月半，何以跳农门？
冷水擦，伏桌困。浓茶驱睡神，体检瘦九斤。

考试成绩出炉，我总分248分，大约过线20分。我终于可以走进师范学校的大门了，我终于可以接受正规的师范教育了，我终于可以"跳农门"了。

那时，我们在师范学校脱产学习，其实只有一年。那一年，我们所学的课程大体有语文教材教法、数学教材教法、体育、音乐、美术、口语、书法、电教等。这些课程，对于我们来说，针对性很强。我学习也比较用功。

1993年6月，我如期毕业，转为公办教师。那年秋季，恰逢县教育局组织"青年教师教学基本功十项全能比武"，我有幸通过镇里的遴选，得以参加比赛。在全县比赛中，我的"三笔字"（钢笔字、毛笔字、粉笔字）和数学课均获得了第二名的好成绩。

二、突破：从读者到作者

我曾多次追问自己：为什么要搞教研？为什么要写文章？后来，我陆续给出了这样的答案：因为我的知识不如人，要在讲台上站住脚，我必须在教学方法上有所思考、有所突破；因为在讲台上我常常会觉得尴尬、觉得无奈，可见我的教学方法不适用于学生，但我相信一定能找到更合适、更有效的教学方法；因为教研让我尝到了甜头，学生在课堂上"活"起来了，考试成绩提高了，而且我的文章变成铅字了；因为农村学校太需要教学研究了，农村教师太需要教研领头雁了，我要"点燃激情，引向春天"……就这样，我踏上了教研之路；就这样，我沉醉于成长之旅。

我的教学研究，乃是从"5·3·1"课堂结构模式开始的。我知道，我的文化底子较薄，要想在初中语文讲台上站稳脚跟，需要付出更大的努力。但那时，我们这个偏远的县城里根本买不到一本教育专著。一次偶然的机会，我从一位老师那里借来一本语文名家教育文集，如获至宝！我专心阅读，笔记做了整整一本，密密麻麻的。那可能是我语文教研的第一桶金。

获得了这第一桶金后，我便开始改造课堂。经过近两年的努力，我自主构建起"5·3·1"课堂教学模式：在语文课堂教学中，有计划地将每节课的45分钟划分为三个阶段——5分钟的说话训练，30分钟的导读点拨，10分钟的巩固质疑。

这样的教学模式，直至20年后的今天，我依然认为它很有意义，因为它切实调动了学生学习语文的积极性，培养了学生当众说话的胆量和能力，也提高了学生的考试成绩。同时，单就研究方式而言，也是很有价值的：广泛阅读，观察思考，提炼建模，实践应用，反思调整——这不正是教学研究最需要的实验精神和研究方法吗？

之后，我又开始了"双体互促"课题研究、立足于语文试题的研究、个性化阅读的研究、同步作文的研究，等等。一路研究，一路阅读和写作，一路发表和著书，就这样一直行走到今天。

实现从"读者"到"作者"角色的转换，也就是在教育专业报刊上发表文章，不得不说起一个故事，一个探访编辑部的故事。

35岁那年，我在学校担任教研主任。3月的一天，校长让我和一位蔡先生到武汉办事。临行前，我多了个心眼儿，带去了自己的一篇文章。那篇文章是我在学校教研会上的一篇发言稿。我还从一期《湖北教育》杂志上剪下了编辑部的相关信息。

当天下午办完事，我很犹豫地对蔡先生说："能不能到湖北教育杂志社去一趟？"蔡先生是一位乡村文化工作者，比我年长许多，很支持我的想法："既来之，则安之，求官不了秀才在呀！"他还说，"我们要找就找说话能算数的，找执行主编。"就这样，我们把稿子亲自交到了叶芬主编的手上。

时间过去了一个多月，期待也伴随着我一个多月。忽然有一天，学校传达室收到了一封信，落款是"湖北教育报刊发行社"。我迫不及待地拆开信封，我的这篇《用良好的心态进行校本教研》发表了！我真有点儿欣喜若狂。这既是我个人的突破，也是学校的突破，因为学校此前无人在省级报刊上发表教学论文。

在省级刊物上发表了几篇文章后,我便又跟自己较劲儿,要向《中国教育报》进军。

2005年,校本教研如火如荼,而"和谐"是刚刚兴起的一个热词。我敏锐地捕捉到这个热点,便不辞劳苦地大量搜集此类文章。我阅读了数百篇论文,并结合学校工作实际,苦磨两个多月,《和谐校园,校本教研的绿地》一文终于在《中国教育报》上登载了。此后,我又陆续在《中国教育报》《中国教师报》上发表了一些文章。

后来我又想,作为一位语文教师,还应当在一些比较权威的语文报刊上露露脸。于是我又把火力集中到语文专业上,并对自己说,要力争在2006年涉足语文专业报刊。

其时,"教学反思"正"红火",我便用了将近一年的时间切实做到每课一思。终于在某一个周末,《教学反思:求真·向善·唯美》一文便瓜熟蒂落,很快便登载于《语文教学通讯·初中刊》。

之后,我又陆续在《语文教学通讯》上发表了《阳光·绿色·和谐——一线教师谈中考语文试题》《例说层进式阅读》等文章;在《中学语文教学参考》发表了《有一种素质,叫主动成长》《"教死"或"教活",只看"人的发展"》等文章。需要说明的是,这些文章,都来自我的教学研究,来自我的苦思冥想,来自我的千锤百炼。

三、突围:从小我到大我

在做教研主任期间,我曾主编过两本校刊:一本是中学的《研修平台》,一本是中心学校的《教育简讯》。这里,单说《研修平台》,因为这是我主动要求做的,是义务劳动。

2004年秋季期末,县教研室主任专程来到学校,给我出了一个话题作文:"一个教研主任在学校校本教研中怎样发挥作用"。教研室计划在开春后召开一个教育干部校本教研培训会,安排我作一个报告。这个题目在当时很有挑战性。经过一个寒假的思索,《点燃激情,引向春天》这篇文章终于完成。

但如何营造氛围、点燃激情呢?我得搭建一个平台。深思熟虑后,我向校长提出了主编《研修平台》的想法。校长不假思索地同意了，还决定给刊发的每篇文章付 10 元稿费。就这样，《研修平台》正式开始运作起来了。我为此起草了一篇发刊词：《专业发展，需要不断见证》。这里摘录几段：

最好的见证，是自我的见证，用真实的笔挽留住平凡而纯真的日子，使自己成为风中那棵会思考的芦苇，让生命的每一天得到最真实的见证。

一次联想、一回顿悟、一个念头、一缕思绪，如果都以随感、格言的形式写下来，这就是思想的见证，积累的见证。

一个案例的形成，一个经验的总结，一次论文的获奖，一篇佳作的发表，一步一个足印，一步一级台阶，这就是攀登的见证，跨越的见证。

记忆中，《研修平台》做到了十三四期。这些文章都是本校教师的教学案例或教学思考。这些文字大多是我一字一句敲出来的。因为那时老师们基本上没有电脑，也不会打字。

县教育局一位主管教研的副局长曾高度评价《研修平台》，称它有三大功能：一是催逼功能，催逼教师用功，催逼学校作为；二是交流功能，交流教学思想，交流教学方法；三是展示功能，展示教研魅力，展示教师风采。

38 岁那年，我被调到了本乡镇的另一所中学，成了那里的副校长。《研修平台》从此退出了历史舞台，但它永远留存在许多老师的心中。一些年轻教师因此走上了专业发展之路。

我刚调入的这所学校，当时正面临着撤并，面临着生源、质量、声誉、生存等多重危机。老师们（包括校长、副校长们）没电脑可用，没网可上。学校的办公条件由此可见一斑。更艰难的是，学校师资力量十分单薄，人心不稳，人浮于事的情况非常严重。现在回过头来看，在该校的三年里，我所坚持做的几件事都有一定的建设意义。

一是为教师订阅教育专业报刊；二是通过物质奖励，鼓励教师迅速学会使用电脑；三是尽最大能力编好、用好"教学练"（相当于"导学案"）；四是经常性地深入课堂听课；五是让教师大会成为一种校本培训。

学校最终难逃被撤并的命运。在痛苦和煎熬中，我也得到了许多心灵的慰藉——质量意识，终于逐渐让全体老师达成了共识；学习氛围，终于在学校越来越浓郁；中考成绩，终于遏制了下滑势头，并艰难地在全县综合排名中上升了好几位；而最为难得的是，学校和老师们终于得到了许多摸得着、看得见的教研成果。本人的数十篇"同步作文"就是在那里写出来的，《我教语文的感觉》（黄河出版社）一书也是在该校工作期间出版的。

41岁那年，我被调到了第三所中学，主管德育工作。我一方面为自己从未涉足德育而担忧，另一方面也为自己没有过往的所谓经验而庆幸，因为我可以在自己的"一张白纸"上描绘出与时俱进的德育蓝图。经过相对成熟的思考，我提出了德育"双六一"（思路"六个一"、建设"六个一"）学年计划。这份学年计划，被当时的老师戏称为学校"发展规划纲要"。也因为这事儿，我开始了德育研究。

43岁那年，我又被调整到现在的这所中学，主管了三年教学工作和两年德育工作。主管教学时，学校连续3年获得全县"教育质量特别优秀奖"，其中一年的普通高中录取率高出全县平均水平20个百分点；主管德育时，独创性地"做学生角度的德育"，收获了非常好的德育效果（比如，整个学年无1名学生流失，前无先例，后无超越），相关文章还在《中国教师报》《中国德育》等报刊发表过。

在不同学校、不同岗位，我尝试了一些较为新颖的做法，写下了诸多文字，也发表了数十篇关于学校管理方面的文章。比如《我当校长靠作文》《办好学校并不难》《我是一个分管人事的副校长》《做一个有专业底气的副校长》《校长也有教育名言》等文章均登载于《中国教育报·校长周刊》。这为我出版专著打下了坚实的基础。

岗位多次被调整，职称多年评不了，"突围"一词频频出现在脑海里：我——我们需要"心灵突围""理念突围""课堂突围""学校突围"。于是，我的第二本著作《乡村教师突围》（清华大学出版社）很快诞生。一经出版，该书在许多乡村学校里产生了较大的影响。因为需要突围的，几乎是全国所有的乡村教师。

这一年，我45岁。也是在这一年里，我被评为高级教师。

四、突进：从高级到特级

评为高级教师后，我似乎进入了一个快速成长阶段。其主要表现在三个方面：一是又出版了3本专著，二是被评为湖北省特级教师，三是被聘为教育硕士研究生导师。

想成为名师，成为特级教师，这样的梦想应当是从2005年开始的。2004年，县教育局、教研室出台文件，在教研室内部人员和全县中小学教师队伍中，遴选"魅力教研人物"，当选者应同时满足"七条标准"。经学校推荐、教研室认可，我成了本县一线教师队伍中首位"魅力教研人物"。2005年12月19日，由县教研室、镇中心学校为我举行了个人教研成果汇报会。

就在那时，我的心田里播下了一粒种子：我想成为一名名师，一名特级教师。

2007年春季，县教育局举行师德演讲比赛。我演讲的题目是"教育，我的理想"，内容包括"成长的足迹""难解的情结""心底的真爱""痴迷的追求"和"赤诚的兼济"五个部分。

也许是我的演讲内容有些个性，打动了评委，最终我获得了"特别优秀奖"。暑期集训期间，教育局组织师德报告团，奔赴各乡镇巡回演讲。我是报告团6人中的一员。经过打磨，我最终的报告题目是"我的教研情怀"。它分为三个部分：一是"在淡薄中读书"，二是"在尝试中追求"，三是"在责任中成长"。

无论是《教育，我的理想》，还是《我的教研情怀》，一直是我最真实的想法，直到今日，这种理想和情怀并未动摇。那次巡回报告，作了20余场，在全县引起了很大影响。十多年后的今天，许多老师依旧时常谈起。

在我看来，无论是名师还是特级教师，除了得到一张荣誉证书之外，应当具备这些条件：一是有着厚实的文化底蕴，二是有着朴实的教育情怀，三是有着系统的教育思想，四是有着较强的教学能力，五是有着一流的教育效果，六是有着较高的人气指数。

我默默地朝着这些条件努力。但成为名师之路，于我而言并不顺利，2007年、2017年两次申报"黄冈名师"，我都落选了。我很郁闷，但并不气馁。我要继续坚守，继续突围。

2016年年底，我的第三本著作《公民教育与现代学校》（清华大学出版社）正式出版。这本书的形成过程，我将其概括为"七年求索，五易其稿，三十万字，一个梦想"。这个梦想便是"公民教育"。这里稍作解释：

我所提出的"公民教育"，是基于学生成长和学校发展的一种教育思想。学校实施"公民教育"的目的，是为社会主义和谐社会、美丽中国培养合格公民。

也许是为了延续教育梦想，也许为了读懂乡村少年，2017年元旦前夕，我和本班52名学生许下一个诺言：大家一起完成一本书稿，名字暂定为"乡村少年说"。就这样，师生53人从此开始了创作之路。其内容和目的大体如下：

通过"说课业""说课外""说师友""说家庭""说成长""说远方"，给学生、家长乃至教师，开启心灵之窗，揭秘成长之道，辉映梦想之光，让它成为一本鲜活的教育学，一座温馨的连心桥，一套别样的作文选，甚至是一册常翻常新的案头书。

2017年暑期，我被调到中心学校担任管理岗。按照惯例，在这个岗位上就意味着告别了讲台。如果我也按照这个惯例前行，我的名师梦、特级教师梦便彻底破灭，同时我也可能与教学研究和教育写作诀别。

那样的日子，虽然清闲，但绝非我所想要的。经过深思熟虑之后，我向领导申请，到中学开设"名著导读"这一课程。领导们很支持我的想法，就这样，我开始了艰难的、近乎疯狂的读写之路：清晨读，中午读，夜间读，见缝插针地阅读；闲暇写，周末写，过年写，新冠肺炎疫情期间还是写。我就这样读写着，这样坚守着。

因为坚守，我完成了初中阶段36本名著的导读文章，并在《中国教育报》《语文报》《学习方法报》《教育家》《语文教学通讯》《黄冈师范学院学报》《初中语文教与学》等报刊上发表了许多优质的导读论文和导读案例。

因为坚守，2018 年我被评为湖北省特级教师。长期以来的特级教师梦，终于开花结果。

因为坚守，2020 年，我被黄冈师范学院聘为教育硕士研究生校外导师。

因为坚守，也是在 2020 年，我出版了《乡村少年成长密码》和《特级教师陪你读名著》两本著作，并为《水浒传》《钢铁是怎样炼成的》两本名著进行了点评、导读。

从民办教师到公办教师，我用了 8 年；从民办教师到特级教师，我用了 33 年。岁月就在这种平静而平凡的日子里流逝着，也在这种不断突击和持续突围的日子里奔腾着。

当年的懵懂少年，今日的天命之年，柱子老师将一如既往地在自己的一亩三分地里耕耘、播种、生长、收获⋯⋯

别以忙的名义，误了你的梦想

前些日子，微信群里有人催稿子。一名老师说，最近太忙了，因为快考试了。

于是，马上就有人在群里接龙：是太忙了，我今年带毕业班；是太忙了，我们要填写许多表格；是太忙了，晚上我要给孩子辅导功课；是太忙了，我周末总是出去采风……一个"忙"字，大有燎原之势。

进入"互联网+"时代，几乎人人都在叫忙。社会分工，越来越细；职能部门，越来越多；痕迹管理，越来越严；档案材料，越来越厚；工作要求，越来越高；生活节奏，越来越快。

于是，一个"忙"字，成了流行语；一个"忙"字，也成了最好的托词。

然而，有人常常在办公室里闲聊着，吐槽着，一节课就过去了；拿起手机，翻着微信，看着视频，一个下午就过去了；群里一吆喝，几人围一桌，一个晚上就过去了；窝在床上，对着电脑，追着肥皂剧，一个周末就过去了；如此这般，翻来覆去，一个暑假就过去了……就这样，我们以忙的名义，过了一天又一天，一年又一年。

我们不能说上述生活方式好或不好。好与不好，别人是无法评价的。因为对于个人而言，人生苦短，幸福就好。

然而，从生命的意义来看，这样的生活，应当是不好的。

许多时候，一些家长总是埋怨孩子不用功，不上进，不争气。然而，为人父、为人母者，自己又做得怎么样呢？是给孩子做正面典型，还是给孩子做反面教材？陪伴孩子的时间又有多长？自己一年下来读了几本书？做了几件有意义的事？

想想这些，我们就知道应当如何教育孩子了——身教重于言传。一个喜欢读书看报的家庭，孩子从小在家庭环境的氤氲下，何愁他不用功、不上进、不争气？

偶尔有一些老师，叫我以他的名义写篇文章，投稿发表，便于职称晋级。还说，他给我一些辛苦费。这让我很惊讶：我的思想，我的文章，怎么能够署上你的大名？这好比是，让你的孩子，寄养在他人家里，叫别人爹妈，你同意吗？写文章真的就那么难吗？

其实，写文章，发文章，还真的不像你想象的那么难。前几天，我和几位同事谈起了这个话题，他们说发表文章需要的是文采。我说，还真的不是文采不文采的事情。

更多的时候，需要的是见解，是思想。你的见解有个性、有价值，思想有高度、有深度，然后把话说清楚，把理讲清楚，这样写出来的文章大多就可以发表了。写好文章，既要真才实学，更要真知灼见。

我们读书、作文，当然不光是为了发表。发表只是读写的附加值。

读写的意义，小而言之，是为了认识自我，改造自我；大而言之，是为了认识世界，改造世界。

可能有人会问，对于一个凡夫俗子而言，我们该如何改造世界呢？是的，我们不是伟人，不像一些大人物那样可以振臂一呼，可以提出政见，可以制定政策。然而，我们可以通过自己的言行，潜移默化地影响身边的小圈子；可以通过我们的身教言传，引导学生的人生观和价值观。也就是说，我们可以通过影响学生来改造世界。从这个意义上来说，我们改变自己就是在改变世界，推动个人就是在推动文明。

时间，就像海绵里的水，只要你愿挤，总是会有的。茶余饭后，睡前早起，周末时光，寒假暑假，累积起来，便会有大把大把的可用时间。有人算了一笔账，一天读 20 页书，一个月可以阅读 600 页，相当于两本书的厚度；一天写 500 字，一个月能写 1.5 万字，一年可写 18 万字，相当于一本书的字数！

在这 18 万字里，难道提炼不出有价值的、可以发表的三五篇文章吗？这便是积少成多，功在不舍。

可能有人又会问，如何让自己的阅读和写作更有价值呢？是的，这个问题本身就有价值。

这让我想起一个故事,同样是建筑工人,问他们在干什么。第一个人说,他是在搬砖;第二个人说,他是在砌墙;第三个人说,他是在建造教堂。

第一个人是悲观主义者,第二个人是现实主义者,第三个人是理想主义者。这便是思想境界的差异。

许多时候,我们也许能手不释卷,也许能笔耕不辍,但就是难出"成果"。我的看法是,读的方面,既要博览群书,更要主攻专业;写的方面,既要尽收眼底,更要锁定目标。也就是说,要善于处理好博与专、广与深的辩证关系。

当我们心中有了"教堂",我们每天的劳动便有了意义;当我们心中有了"作品"意识,我们便会自觉地累积材料,生产零部件,制造半成品,进而打磨成精品。

"忙"者,"心""亡"也;"亡"者,逃跑也,消失也。许多时候,我们应当常常扪心自问:我们的心在哪里?我们想要的东西是什么?

如果想见多识广,那就背起行囊,行走四方;如果想财源广进,那就租铺开店,学经商。如果想名列前茅,那就付出汗水加时间;如果想与时俱进,那就多读、多写。如果想轻轻松松,那就享受安逸;如果想有所成就,那就积极追求;如果想"集中火力",那就删繁就简;如果想有所获得,那就学会放弃。

放弃了浮躁,便拥有宁静;放弃了欲望,便拥有快乐;放弃了随众,便拥有个性;放弃了宽泛,便拥有深沉;放弃了追剧,便拥有时间;放弃了娱乐,便拥有陪伴;放下了手机,便拥有读写。

想清楚了需要什么,我们的"心"便会有了念想;想清楚了要到哪里去,我们的"心"便会有了向往;想清楚自己要达到什么样的高度,我们便会使出多大的力。

这样,我们的"心",便不会逃跑,也不会消失;我们只会觉得自己很充实,而不是太忙碌。

心若在,梦就在。

有梦的人,最幸福。

第五辑

持续读写助成长

追问：阅读的意义

作为一名非科班出身的教师，在这里堂而皇之地作阅读报告，也许是一件很冒险的事。因为我读的书既说不上多，更谈不上深，一些做法甚至还比较愚笨。但是，我愿意将我的阅读经历作简要梳理，将我的阅读心得作努力展示，这乃是因为一二十年的惯性阅读让我收获了一种持续性的专业发展，一种渐进式的心灵成长。它让我逐渐地站稳讲台，写出文章，懂些管理，坐得冷板凳。

阅读，有何意义？答案因人而异。

曹文轩认为阅读的意义有三点：读书可帮助我们壮大经验并创造经验；读书养性；读书能帮助我们发现过去，并引领我们走向前方。

俞平伯认为阅读有一种"真意义"："于扩充知识以外兼可涵泳性情，修持道德，原不仅为功名富贵做敲门砖""文字教育的失败，表面上看只是读书种子稀少，一般国文水准低落而已，骨子里已损害民族国家的前途"。

关于读书的意义，曹文轩主要偏重于个人的修为，而俞平伯则兼顾了国家的命运。而在我看来，阅读的意义，应当是"三生"的需要和"大事"的需要。

一、"生活"的需要

谈起"生活"，我想起了我在本县一所学校举办的一次"年轻节"上的一段"圆桌对话"。对话的主题是优雅生活。在我看来，"优雅生活"可以这样拆开理解：

"生"：生下来，这是父母的责任。

"活"：活下去，这得完全靠自己。能从容面对生活中的一切，包括得失荣辱，悲欢离合。

"优"：追求优秀，做一个优秀的子女、爱人、员工、领导等。

"雅"：情趣高雅，有自己的兴趣爱好。

回到阅读话题，同时也让时光回到我的少年时代。懵懂，贪玩，终于让我尝到了足够的苦头。14岁那年，我不出意料地中考落榜了。

中考落榜，于我而言，不是遗憾，而是害怕。害怕被同村人笑话，笑话我这个在小学里一直被人夸奖的"会读书""很聪明"的读书伢落榜了。同时，20世纪80年代中期，中考落榜，对于一个农家子弟来说，意味着将永别于学校和书本，意味着将要开始种田或学艺，也意味着没有了所谓的前途。

所幸的是，在那个文化贫瘠的年代，许多午后，许多夜晚，许多无所事事的时日，我还能够保持着对书籍的一种渴望。《苦菜花》《薛刚反唐》《月唐演义》等文学作品，让我度过了充满失落和迷惘的失学时光。

现在想来，那时的阅读，完全没有一点点的功利心，而仅仅是为了消磨大把的空闲时光。虽然，它与"优雅"一词也许毫不搭界，但为今天的"优雅"埋下了一个不大不小的伏笔。

金庸的作品，琼瑶的作品，应当是我们这个年龄层次的人曾经都比较喜爱的。阅读武侠小说和言情小说，自然与"生存"无关。但这些作品，却伴随着我们度过了不长不短的青葱岁月，给我们当年的这群少男少女的生活增添了无尽的乐趣。

生活就是这样，当面包不再成为问题的时候，我们便会买一些鲜花。这是因为我们既需要物质生活，也需要精神生活，需要一种尽可能高雅一点的精神生活。阅读，便是生活的鲜花。它会让我们的生活、我们的心灵，多姿多彩，芳香四溢。

二、"生存"的需要

生存，包括两层意义：一是存在，二是生长。存在，即是活下去；生长，即是长起来。在当前的体制下，一位教师只要没有违法乱纪，在教育系统内

"活下去"，应当是不成问题的。然而，要想"长起来"，茁壮地成长起来，阅读，是一个不二的选择。这里，我结合个人的成长历程，略举两例。

一是读毛泽东的作品。我比较慷慨地买书，比较勤奋、比较有目的地读书，应当是从30岁才开始的。也许兴趣使然，也许视野原因，那一阶段，主要读毛泽东的作品。书柜里翻出的一本《毛泽东散文作品赏析》（海南出版社，任傲霜编著），就是1999年10月底从本县新华书店购买的。这本书上，画了许多红道道，还作了一些旁批。现在翻阅起来，批注里的一些观点、一些语言比较稚嫩，但确是当初用心读书的一种痕迹见证。此后又购阅了《毛泽东诗词》《毛泽东读书笔记》等书。

现在回过头来看，自认为读毛泽东的书，有两个方面的好处：一是养气，二是作文。我的性格较为内向，也一直缺少自信，而毛泽东的思想和文采可谓是气贯长虹。在阅读的过程中，我便潜移默化地受到了一定的影响，也就是说，对于弥补自身的性格缺陷，有一定的作用。在写作方面，尤其是论文写作方面，更是得益于读他的文章。

二是读《古文观止》。要说读得很苦的，是《古文观止》中关于"唐宋八大家"的文章。有一段时间，我意识到自己的"学问"很难应对初中语文教学，便利用一个暑假，死磕古文。为此，还买了两个版本的《古代汉语词典》。读原文，读译文，白天读，夜晚读，差不多整个暑假都用在了恶补古文上。一个暑假过去，我囫囵吞枣地啃了七八十篇文章。至于古文功力，应该长进了一些吧。这让我想起宋濂《送东阳马生序》中的一句话："故余虽愚，卒获有所闻。"

达尔文说，物竞天择，适者生存；莎士比亚说，生存还是毁灭，这是个值得考虑的问题。为了让自己不至于太平庸、不至于被"毁灭"，为了让自己的教育人生能有更大的意义，我把阅读作为一种生存的方式：既为存在，也为生长。

三、"生命"的需要

谈到"生命"，我想到林清玄的《生命的化妆》。"三流的化妆是脸上的化妆，二流的化妆是精神的化妆，一流的化妆是生命的化妆。"爱美之心人皆有之，然而，一流的化妆是生命的化妆，它改变的是人的气质。这正如林清玄所说的那样，"改变表相最好的方法，不是在表相下功夫，一定要从内在里改革"。阅读，给予生命滋养的，自然不止气质，还可以给予我们生活的信心，前进的动力，攀登的勇气。

  在我 30 岁左右的一段时间里，因为工作上的某件事，整个人变得很消沉。恰在此时，一位同事借给我一本《路遥作品集》。其中包括《平凡的世界》《人生》等。我记得，我当时真的是像饿狼扑羊一样，没日没夜、如饥似渴地利用一个周末看完了这本书。孙少平，给了我一种巨大的精神力量。到了星期一，我仿佛换了个人似的，精神抖擞，斗志昂扬，没有半点沉沦和疲惫的样子。

  在近 40 岁的时候，因为职称，我和自己别扭了很长一段时间。这时，我不由自主地"爱"上了苏轼。我先是读苏轼的诗词，后来读《苏东坡传》。一边读，一边写，还给自己写的东西取名为"白话东坡诗"。这一组文字，共 78 篇，依然在我的新浪博客里。苏东坡的韧劲，苏东坡的拿得起、放得下、看得开的"古仁人之心"，逐渐成为我生命的一部分。

  虽然职称一而再、再而三地不顺，但骨子里的一股韧劲儿，让我不至于消沉。于是，我把更多的精力用在了教学研究和著书立说上。比如后来我出版了《乡村教师突围》《公民教育与现代学校》。这一方面是天道酬勤，另一方面则是阅读的"剩余价值"。

四、"大事"的需要

> 人生天地间，各自有禀赋。为一大事来，做一大事去。
> 多少白发翁，蹉跎悔歧路。寄语少年人，莫将少年误。

  该诗系陶行知先生的一首教育诗，作于 1924 年，用以"自勉并勉同志"。先生的"大事"何为？乃"勠力同心，使中华放大光明于世界"也。

  岁月不居，时节如流。然每读此诗，先生之言依旧震耳发聩、余音绕梁。"为一大事来，做一大事去"，既是初心，亦为使命。作为一名语文教师，其初心与使命或有诸多不同表述，但终究无法绕开"阅读"二字。

"靡不有初，鲜克有终。"我们或都曾有这样一颗初心：好读书，读好书，读书好。我们也定然曾被几本书"俘虏"过：茶余饭后，田间地头，夜深人静，梦里梦外，与书相伴，因书而醉。此情此景，如此令人回味。我们也许曾暗下决心，让学生饱读诗书、学富五车，并以之陶冶性情、丰富梦想。然而，因岁月流逝与环境影响，我们走得虽不遥远，但大多已忘却当初为何出发。

"师者，所以传道授业解惑也。"何以为"道"？"物有本末，事有终始，知所先后，则近道矣。""道"者，规则与规律也。何以为"业"？"业"即学业或职业。"业精于勤荒于嬉"，授业不仅是传授知识与技能，还包括端正其态度，勤勉其作风。何以为"惑"？它既指学业职业上的困惑，还指为人处世方面的疑惑。

"传道授业解惑"，看似简单的六个字，却需要教者终身学习、言传身教。其中，重拾阅读，乃必经之路。这既关切教师的发展，也关切学生的成长，并由此关切到国运的兴盛、民族的振兴。因为"少年智则国智""少年强则国强"，中华少年热爱读书，则中华文化长盛不衰。

蔡元培先生曾言："教员者，启学生之知识者也""故为教员者，于其所任之教科，必详博综贯，肆应不穷，而后能胜其任也"。教育任重道远，阅读山高水长。

在这个信息时代，"读屏"之于"读书"，冲击确实很大。这需要我们经得住网络诱惑，处理好两者关系："读屏"以休闲，"读书"以完善。

"寄语少年人，莫将少年误。"愿诸君不忘初心，牢记使命，重拾阅读，重塑自我，并继而集腋成裘，积沙成塔，改善教育生态，光大中华文明。

阅读的意义何在？我会说：与书相约，"三生"有幸；与书相伴，"大事"所需。

梳理：阅读的主张

一千个读者，便有一千个哈姆雷特；一千个读者，便有一千个阅读主张。什么时候碰到什么书，什么时候需要什么书，什么时候喜欢什么书，这都没有既定的公式，也没有现成的线路图。所以，关于阅读的主张，我只是将自己阅读的历程作一个梳理。

一、读书与读屏相结合

当下是一个"互联网+"的时代，也是一个"读屏"时代。有了智能手机后，我们开始刷微博、读微信。

作为一名教师，我也有自己的"朋友圈"，也有自己的"订阅号"，许多"订阅号"文章都是关于教育的。然而，时间久了，我会很惶恐：在"朋友圈"和"订阅号"里，我是否记得昨天读了什么内容？我的阅读状态是宁静的还是浮躁的？这样的阅读方式对于我们更新教育理念、优化教育思维到底有多大作用？

一番追问之后，个人认为，比较理性的方式，是将"读屏"与"读书"有机地结合起来：用一些碎片的时间去阅读微信公众号等新媒体，获得一些时鲜的信息；而在相对集中的时间里，比如夜晚以及节假日，则按照自己的需求，去啃读一些关于教育的或关于人文、哲学的书籍。这便是"读屏以休闲，读书以完善"。

二、闲读与典读相结合

这里的"闲读",说的是随性阅读,包括一些报刊、时文等。而"典读",则是指经典阅读。比如,我前文提到的《古文观止》。这样的阅读,需要逐词逐句读,需要圈点勾画。作为教师,比如《给教师的建议》(苏霍姆林基斯)、《陶行知教育名篇》(方明编)等教育经典,应当是案头书,常读常新。我曾经所坚持的"同步作文",便是借鉴了陶行知的"教学做合一"的教育理论。

若是把这些教育经典里面的思想领悟、吃透,我们的教学研究便找到了源头活水,同时也一定不会"乱花渐欲迷人眼",也就是不会被一些课改专家的课改观点迷惑。比如,当"翻转课堂"在一些城市学校风靡时,我应约写了一篇《且翻且转且坚守》的文章,阐释了我对翻转课堂的看法:要学会"坚守"。《理顺开放课堂的辩证关系》一文中的"中庸之道",则得益于余秋雨的《何谓文化》一书。

三、兴趣与强迫相结合

兴趣是最好的老师。所谓"知之者不如好之者,好之者不如乐之者"。如果你对阅读很有兴趣,那真是"善莫大焉"。然而,对于更多的人、更多的书(尤其是一些理论书),往往最需要的还是一种强迫式的阅读。

陶行知曾说"强迫是一种必要手续"。这种强迫,一方面是外在的强迫,比如某种组织、某个单位、某个他人;另一方面是内在的强迫,也就是自我的强迫,自我的催逼。其中,后者最重要。

比如,《人类简史》和《未来简史》(以色列作家尤瓦尔·赫拉利著),这两本书很厚不说,最难的是,作者眼前一句,远古一句,亚洲一段,非洲一段,我读得有点累。我读了一段时间,放下一段时间,最终还是将这两本书(约60万字)读完了。

强迫自己最狠的,是阅读哲学书,比如《哲学的故事》《理想国》《40堂哲学公开课》《作为教育家的叔本华》《人的问题》《中国哲学史大纲》《人生有何意义》《中国哲学简史》等。这些书,我差不多读了一整年,并采用了一种最愚笨的办法——写读书笔记——"哲学大咖的核心素养"系列文章，共 12 篇，约 5 万字，以此让自己尽可能地多吸收一些，多消化一些。

四、读书与研究相结合

阅读，理应是教师生活的一部分，教学研究也应当是。而当我们把两者紧密相连时，阅读便有了方向，研究便有了底气。这种研究，既可以是一个小课题，也可以是一项大工程。这里，我以《公民教育与现代学校》一书为例。

作这个课题研究——写这本书稿时，我光是关于公民教育方面的书就读了王小庆的《如何培养好公民》，檀传宝的《公民教育引论》，刘铁芳的《公共生活与公民教育》，唐克军、蔡迎旗的《美国学校公民教育》等书。此外，还有平常已经阅读的其他书籍和大量文章。

就更多的教师而言，如果作一些小课题研究，除了需要在教育教学实践中不断探索之外，还应当有文献意识，也就是有意识地阅读一些理论书或文章，站在他人的肩膀上，我们可以看得更远，做得更好，正所谓"他山之石，可以攻玉"。

五、读书和时代相结合

读书和时代相结合，并不是说要"跟风"，而是在教育教学方面，需要与时俱进。比如，当前进行的高考改革，与之对应的便是学校的"选课走班"。我们如果此前阅读了李希贵的一些书，便不会感到突然，也不会感到惶恐。

读了李希贵的《新学校十讲》后，我曾写了这样一篇文章：《"新学校"新在哪》。个人认为，"新学校"主要新在这些方面：新在"使命定位"，新在"思想深度"，新在"学生角度"，新在"行动研究"，新在"课程形态"，新在"发展方向"。

我曾看过一篇关于英国伊顿公学的文章，文章介绍说，伊顿公学把每个学科分成 14 个等级。北京十一学校学生实行选课走班，数学、物理、化学、生物每一个学科按难度分为 5 个层次。在我的心目中，北京十一学校便是中国的伊顿公学，因为在某种程度上，它代表了未来学校的一种发展方向。

六、散读与群读相结合

这里所说的"散读"和"群读"相对应。"散读"指的是和自己所读的其他书之间，没有所谓的联系；而"群读"则相反，它可以是围绕一个作者，比如上文讲到的毛泽东；可以是围绕一个主题，比如公民教育；也可以是沿着一条线索，比如我目前正在进行的"陪你读名著"，也就是按照课本上要求阅读的书目，一一地进行"整本书阅读"。

因为给学生上名著导读课，从2017年秋季开始，我至今差不多已将初中阶段要读的36本名著读完。这样的阅读，一方面给我好好地补了一下文学课，另一方面则让我了解到学生名著阅读的现状，并在"整本书阅读"方面迈开了实践和研究的步伐：一篇《没有"名著导师"，何来"名著导读"》的文章，在《中国教育报》上发表的当天，人民网、光明网、凤凰网、搜狐网等媒体纷纷转载，引起了较大的轰动。一篇《我与名著导读》的文章，已被收入《黄冈名师谈教学》一书。《选我所荐，读你所爱——〈白洋淀纪事〉阅读攻略：选读式》一文在《中国教育报》上发表。还有"初中名著阅读个性化攻略"的系列文章（36篇），已于2020年出版。

我想，这样的"群读"、这样的"陪读"的价值是弥足珍贵的。因为它能给学校的"整本书阅读"提出建设性意见，也能给学生的名著阅读提供有效的指导。

七、学科和通识相结合

作为一名语文教师，阅读语文专著是必修课。阅读教育专业书籍，我大概是从2000年开始的。在《魏书生中学语文教学改革实践研究》这本书的扉页上，清楚地呈现出"2000.4.29"的字样。与此书同时买来的，还有《颜振遥初中语文自学辅导教学》《宁鸿彬中学语文教学改革探索》两本书。

这3本书，我也读得很认真，上面做了许多勾画，还有一些批注。这3本书,对我的课堂构建起了很大作用。同时,魏书生老师等人对教育的挚爱、对事业的追求,给了我很大的精神动力。

在书柜里,我还翻出另一套语文教学专著(共3本):《赵谦翔与绿色语文》《高万祥与人文教育》《李镇西与语文民主教育》。这套书,是2006年4月在武汉买回来的。这3本书,我也读得很仔细。我曾经和学生一起"同步作文",便是受了赵谦翔老师的影响。

语文专业书还购阅了许多,比如余映潮的《致语文教师》《听余映潮老师讲课》,凌宗伟的《有趣的语文》,王荣生的《语文科课程论基础》,冯为民的《在坚守中成长》,程翔的《一个语文教师的心路历程》,倪江的《理想语文——自由阅读与教学》等。

语文教学专著的阅读,让我广泛吸收名家的教学思想。比如《古诗词与核心素养:最美的遇见》,吸收了余映潮老师的一些古诗词教学思想;《"教死"或"教活",只看"人的发展"》,则是因为阅读冯为民老师《在坚守中成长》一书引发的思考;《理顺开放课堂的辩证关系》一文中,借鉴了程翔老师《一个语文教师的心路历程》中关于"语文能力"的观点。

通识教育方面的书,也是我读得较多的。因为在我看来,多读此类书籍,可以透过教育现象看到教育本质,增加教育常识。比如陶行知的《陶行知教育名篇》,苏霍姆林斯基的《给教师的建议》,于漪的《于漪知行录》,朱永新的《我的教育理想》《新教育》,吴非的《课堂上究竟发生了什么》《致青年教师》,肖川的《成为有信念的教师》《成为有智慧的教师》《完美的教学》等。

作为一个自然人,我认为应当学会滋补心灵,管理自我;作为一名教师、一名管理者,我认为要懂得一些管理方法。在管理方面,我也有意识地加强阅读,以此管理自我、提升自我。比如卡耐基的《卡耐基成功之道》,凌宗伟的《好玩的教育》,李希贵的《新学校十讲》《面向个体的教育》,李镇西的《做最优秀的班主任》,窦桂梅的《我的教育视界》,雷夫的《第56号教室的奇迹》等。

我时常感到自己的文化水平太有限,便不时购买一些人文书籍来滋补,比如王国维的《人间词话》、蔡元培的《中国人的修养》、季羡林的《风物长宜放眼量》、林语堂的《苏东坡传》、叶嘉莹的《唐宋词十七讲》、费孝通的《乡土中国》、余秋雨的《文化苦旅》《何谓文化》、周国平的《周国平论教育》《觉醒的力量》、于丹的《论语心得》《庄子心得》《重温最美古诗词》、梁衡的《跨越百年的美丽》、梁鸿的《中国在梁庄》、梭罗的《瓦尔登湖》，等等。

八、读书与读报相结合

报刊，是一条流动的河。流水不腐，户枢不蠹。阅读报刊可以让我们的教育思想与时俱进，让我们的教育视界不断拓宽。我一直坚持订阅的报刊，包括《中国教育报》《人民教育》《语文教学通讯》《中学语文教学参考》《教师博览》等。阅读报刊，除了可以熟悉各种报刊相关板块的文章风格外，还可以通过投稿、发文与编辑建立良好的读编关系。编辑们常常会给我发来一些征文启事，这让我"不得不"抖擞精神，用心创作，大大地提高了发表的概率。同时，一些主编还邀请我出席培训会，畅谈体会，这既可提高知名度，又可以激励我戒骄戒躁、拒绝平庸。

九、读书与读人相结合

先说"读书"。教师应读一些心理学、童话、家庭教育方面的书籍。因为这样的阅读，可以让我们更全面地了解我们的教育对象。比如莉萨·博林的《教育心理学》、圣·埃克苏佩里的《小王子》、蒙台梭利的《发现孩子》、孙云晓的《习惯决定孩子一生》、张贵勇的《真正的陪伴》《让教育回归美好生活》等。

由于错过了读书季节，我便一直有一个看法：童话，是小人书，大人们读小人书是没有什么用处的。但随着阅读面的扩大，我逐渐对这个观点产生了怀疑。特别是阅读《小王子》一书后，我便彻底颠覆了以往的看法。相反，我越来越深刻地认识到，所谓的像童话一类的小人书，其实是作者在对世界、对人生的深层剖析之后，把自己最直接、最深沉的感悟，假借儿童之口进行童话式的表达。从这个意义上来说，大人们比孩子更紧迫地需要用心去阅读童话；作为成年人的我们，也需要用一双孩子的眼睛来看这世界。因此，从某种程度上讲，读一本优秀的童话故事，其实就是在读一本哲学书，而且这样的哲学更加生动有趣，更加通俗易懂。

再说"读人"。对于学生而言，最需要的是老师的一个"懂"字。回首教育生涯，在力求"读懂"学生方面，主要有两次。一次是 2011 年的《这群少男少女》爬格之旅，约 3 万字；一次是 2017 年的《乡村少年说》创作，约 25 万字。读书重要，读人更重要，把两者联系起来读，往往能有意想不到的收获。

十、读书和作文相结合

这一主张，我的意思包括两个方面：一是写读后感，写书评；二是勤读勤写，读写做合一。因为上面的每一个"相结合"似乎都与写作有关，所以，这一点也就不再列举了。

我只是想说，从 16 岁教书到现在，能够一直受到学生喜欢和同行认可，能够发表百余篇文章、出版几本专著，能够成长为一名高级教师、一名特级教师，这一切都与我的手不释卷、笔耕不辍密切相关。

寻找：阅读的理由

半夜醒来，忽然想到有句话挺有趣："没有理由不读书。"

把它作为一个否定句来理解，便是"读书无需理由"；如果把它拆开，便成了一个因果句："因为没有理由，所以不读书。"

后者的理解，虽有些牵强，但很有市场。不信，你可问问身边的人是否找到了读书的理由。

我想，许多人是没有找到的，否则，他们不都读起来了吗？

既然读书需要理由，那就找呗。找的理由多一些，也许便会多读几本；找的理由更充分一些，也许便会读得更加用功。

我大概就是一个喜欢找理由读书的人。尤其是人到中年以后，理由找得更勤更多，甚至更为"离谱"。

一、搭建平台，组团催逼

就拿 2016 年来说吧。一个星期天，恰逢植树节，我发起创办"读写大队"公众号。入队的条件也很简单，每人每月读书一本，作文两篇。这个门槛看似不高，但让许多人望而却步。就连我自己也怀疑：我能做到吗？

我是发起人，没有理由不做到，而且还得不时督促其他队友。大家提议，从童书读起，从《小王子》读起。

时至今日，我很自豪地说，每月读书一本，我做到了，而且还超量了。而一些队员，没有坚持下来，我感到有些遗憾。

这是我找的一个读书理由：搭建平台，组团催逼。

二、赠书必读，读后必评

一位后辈，因事来家中。闲聊中，谈到读书，我便送他刚出版的一本书。一周之后，我收到了他寄来的《人类简史》和《未来简史》两本书。这两本书，每本均有30余万字，阅读起来有些费脑子。作为畅销的好书，而且还是后辈精心挑选的，我不能将其束之高阁，让他失望。

于是，只要有时间，我便捧起书本，啃读起来，而且还执笔在手，圈点勾画，以加深印象，加深理解。

书中"八卦"一词，令我脑洞大开。作者说，人类语言真正的最独特的功能，并不在于能够传达关于人或狮子的信息，而是能够传达一些根本不存在的事物的信息。同时，只有智人能够表达关于从来没有看过、碰过、耳闻过的事物，而且讲得煞有介事。"讨论虚构的事物"——这种所谓的"八卦"，正是智人语言最独特的功能。然而，"虚构"这件事的重点，不只在于让人们拥有想象，更重要的是可以"一起"想象，编织出种种共同的虚构故事。这样的虚构故事，赋予智人前所未有的能力，就算是大批不相识的人，只要相信某个故事，就能精诚合作。比如，因为有宗教故事，便有了教会；因为有国家故事，便有了国家；因为有法律故事，便有了司法制度；也是因为有"集体想象"，便有了"有限公司"……这种"八卦"，这种"想象的现实"，在我看来，其实就是一种信仰，一种梦想：这不正是当代的我们最需要的东西吗？"中国梦""人类命运共同体"不也是"想象的现实"，并一步一步地去实现的吗？

后来，还有一些作者赠书于我，大多情况下，书一到手，我便开始狼吞虎咽地读，继而细嚼慢咽，然后写成文字，回报作者。

这便是我找的又一读书理由：赠书必读，读后必评。

三、出差必读，写作必读

因事出差，我习惯带上一本不太大、不太厚的书，既便于打发旅途的寂寞，也可以利用好空闲的时光。暑期去旅游胜地，我把《于漪知行录》装进了行囊。在车上，在旅店，有空便将书拿起翻阅。读在旅途，读得随意，读后印象并不深刻。出差归来，我调整了阅读方法，圈点勾画，重读一遍。这一遍对于该书的奥义略有所获。

然而，几次提笔，想写一篇读后感，我竟然无从写起，这仿佛行走在茫茫雪原上，没有目标，没有方向，是完全迷茫的一种状态。

后来，受邀给本县新教师作培训讲座，讲到了核心素养。此时，我灵感突现：我何不从核心素养的角度来切入呢？于是，我便开始了第三次阅读。这一读，让我茅塞顿开。在这本"知行录"里，本无"核心素养"一说。然而，细细咀嚼，却发现它几乎可以同人文底蕴、科学精神、学会学习、健康生活、责任担当、实践创新等六大素养一一对号入座。

我猛然意识到，这看似巧合，其实必然。因为真正的教育，本来就是为了培养"全面发展的人"的。这是哲学追问之后的一种必然的教育旨归。

还是在暑假里，因为参加武汉光谷的一次培训，我有幸聆听了李斌先生的讲座，并到华东师范大学拜访了凌宗伟老师（其时，他正好在该校讲学）。这一听一访，激发了我的读写动力。回来后，我从友人那里借来《把学校交出来——一个青年记者笔下的中国教育》一书，读后写成《听李斌讲座》一文。

拜访凌宗伟老师时，他拿出《你也可以成为改变的力量》一书，准备赠送于我。我说我已经买了。其实，我还购阅了他的《好玩的教育：学校文化重建五讲》《阅读，打开教育的另一扇门》《有趣的语文：一个语文教师的"另类"行走》等书。重新翻阅这四本书后，写起《我所认识的凌宗伟》一文，自然会比较丰厚一些。

这又成为我的读书理由：出差必读，写作必读。

四、为课而读，因教而读

2017年秋季，因为工作岗位的调整，我几乎离开了教学一线。我是一个能耐得寂寞，却耐不住清闲的人。工作调整之日，我就和领导说：我想在干好本职工作的同时，再到学校兼带几节课。

带什么课呢？带一个班级的语文，不太现实，毕竟还有本职工作要做，而且两边的作息时间不一致。后来，我终于想出了一个好主意：带七年级的名著导读课。

长期以来，学校的阅读课，都是学生到阅览室里自主阅读。他们大多是翻阅一些杂志，而语文教材上要求阅读的名著，绝大部分学生并没有去读。这与部编版教材的编写初衷相去甚远，也会影响学生的终身发展。

兵马未动，粮草先行。我从网上一次性把七年级上册要求阅读的名著买了回来，并争分夺秒地细细品读。读完了《朝花夕拾》，再读《西游记》，又读《湘行散记》。这样的阅读，连生字的读音都要一一查出标注，还得写好上课所需的讲义。一套上下册的《西游记》，我读了一个多月；讲义《陪你读名著》系列，已经写了好几万字，而且还会一直写下去。这样导读起来，总算有了一些底气。

这便是我的第四个阅读理由：为课而读，因教而读。

五、为研而读，为补而读

可以找到的阅读的理由还有许多，比如为研而读，为补而读。

为了补充哲学知识，我几乎用了2016年一整年，阅读了胡适的《中国哲学史大纲》《人生有何意义》，冯友兰的《中国哲学简史》《冯友兰人文哲思录》，柏拉图的《理想国》，尼采的《作为教育家的叔本华》，杜威的《人的问题》《民主主义与教育》，沃伯顿的《40堂哲学公开课》，威尔·杜兰特的《哲学的故事》等。读完哲学相关书籍后，我一方面比较系统地补上了哲学一课，写下了12篇"读哲笔记"，大约4万字；另一方面对自己的教育思想以及人生定位，多了一些理性思考。

读书的理由，因人而异，因时而变。然而总有一些不变的理由，那就是丰富生活，丰实心灵，丰厚思想，丰满人生。

从这个角度出发，我们还有什么理由不读书呢？

这样想来，读书也就无需其他理由了。因为这些都是最好的理由。

再说一句题外话：睡前阅读，很少失眠；早起阅读，一天清醒；坚持阅读，颜值更高。不信，你就试试呗。

如何写好教育随笔

教育写作，是关于教育教学方面的写作，而并非文学创作。

教育写作有何作用？我认为，它的价值主要集中在"七度"：

（1）高度：追求教育的高度，也就是在追求人性的高度，追求真善美的高度。

（2）宽度：由"教书"向"育人"的拓宽，由"好学生"到"好公民"的拓展。

（3）深度：由外在向内在，由现象向本质，即是对教育规律的一种追求。

（4）厚度：让自己的学识，自己的思想，自己对教育的理解，不断地加厚。

（5）纯度：让自己的灵魂更纯粹，让自己的内心更宁静，让自己的步履更从容。

（6）效度：提高专业成长的效率，提高教育教学的效率。

（7）温度：或者说幸福度，过一种幸福圆满的教育生活，做一名明亮豁达的现代教师。

我将结合自己的一些文章或著作，简要谈谈教师常用文体的写作策略。需要说明的是，在我看来，没有教育情怀，没有教育追求，也就谈不上真正的教育写作。

《教师常用文体写作例谈》共六讲。第一讲说的是教育随笔。

（1）何谓随笔？"意之所至，随即记录，因其后先，无复诠次，故目之曰随笔。"（宋·洪迈《容斋随笔》序言）这就是说，随笔乃是看到什么，想到什么，便及时记录，只有先后顺序，没有所谓编次，文笔自由，不拘形式。

（2）教育随笔：顾名思义，就是基于教育教学的随笔。比如教材解读、课堂教学、班级工作、专业成长、学校管理、家庭教育等方面的某些思考。

（3）基本特点：借事说理，小中见大；夹叙夹议，形式多样。

（4）写作要点：随笔不随意，随心而用心。故选材要精，立意要新，思考要深；起承转合，合乎章法。

例一：《学生给我100分》[①]

【事 件】

前些日子，教务处组织学生评议教师，每班随机抽取10名学生给科任教师打分。很有意思的是，同学们不约而同地给了我"最满意"的评价，让我得了一个满分。

这个满分，我有点意外。因为在我看来，我的许多工作还没有做好。比如，有的同学的名字我还一下子叫不上来，就考绩而言，我所任教的学科也不是最好的。总之，觉得自己并不是最优秀的老师，工作虽能尽职尽责，但谈不上尽善尽美。

【析 因】

但是，同学们为什么都会对我"最满意"呢？我想，大概有以下几个原因。

一是尊重。课堂上有同学违纪了，我稍做停顿，和他对视，我的尊重是"微笑"；如果他还没有注意到，我便走过去给他来个"蜻蜓点水"，我的尊重是"提醒"……班上55个学生，成绩有好有差，性格有顺有逆，长相有俊有丑，但无论如何，我都尽量用一种中庸之道，一种自然之态，去看待、对待任何一个学生。

二是公平。（略）

三是坦诚。（略）

四是幽默。（略）

五是才情。（略）

---

① 载于《中国教师》。

六是教艺。（略）

【收　尾】

学生给我 100 分，大概是因为我能一视同仁，体现了作为教师应有的公平之心；大概是因为我能与时俱进，在某些方面满足了他们这一代青少年的心理需要；也大概是因为我有些另类，有些与众不同，给了他们一种别样的生活体验吧。

我很看重学生给予我的 100 分，大概也如同孩子们期望并看重着：老师能在什么时候也给自己打个 100 分吧！

【点　评】

"学生给我 100 分"事件，乃是教育评价中的一个比较寻常而又有点特殊的教育案例。"事件"部分，简要回顾事件起因；"析因"部分，从尊重、公平、坦诚、幽默、才情、教艺六方面逐一分析；"收尾"部分，则对"析因"部分进一步延伸，并深化文章主题。教育随笔，不仅是叙事，更需要析因，透过现象揭示本质。

例二：《为什么没有"故事"》[①]

【事　件】

前日受邀到某校当评委。评的内容是"同读一本书"的演讲比赛。演讲不可谓不精彩，几位教师的演讲富有激情，文采飞扬，字正腔圆，表情丰富，还有一位特意配上了背景音乐。这样，自然赢得了不少掌声。

然而，我一直觉得缺少了一些东西。

【析　因】

首先，缺少了"书中"的好故事。（略）

其次，缺少了"读"的好故事。如果真正把一本好书读进去，要么有那种夜深不寐、翻来覆去、浮想联翩的兴奋，要么有夫妻之间、同事之间那种促膝谈心、高谈阔论的畅快，要么有天各一方的网友、博友们你来我往的舞文弄

[①] 载于《语文教学通讯·初中刊》。

墨、发文跟帖的热络，然而这些"读"的故事，没有做到。

既然是"读好书"，为什么会没有"故事"呢？个中缘由，不言而喻。

【联　想】

十多年前，我读第一本语文教学专著时，尽管书名现已模糊，但是记得最清晰的是，一本百页的32开的小本子，让我摘抄得密密麻麻、满满当当，至今依旧珍贵地保留着。（略）

【建　议】

作为一位教师应常读以下四类书：

一读文化经典。如《论语》《道德经》。高万祥说，《论语》70%—80%的内容是君子之道，是人际交往、和谐相处的文化；《论语》是中国人的"圣经"。而我认为，教师都应当读一读《道德经》，因为读了《道德经》，我们就可以知道如何教育学生，如何调整自己。

二读教育专著。如朱永新《我的教育理想》。（略）

三读励志书籍。如《卡耐基成功之道》。（略）

四读专业报刊。如《中国教育报》《语文教学通讯》。（略）

总之，手不释卷，身上就有了书卷之气，心中就有了书生意气，语文课堂也就充满了文学豪气。正所谓，"善养吾浩然之气"。

【延　伸】

当然，仅仅"读"还不够，还必须"写"。原来只有初中学历的我，因为读书、写作，便常有文章见诸"大报大刊"。当文章发表到了一定数量的时候，我便想结集出版，并将文稿冒昧地寄给从未谋面的余映潮老师，请他题词。几天以后，余老师欣然给我回信。（略）

作为一名普通教师，能得到余映潮这位"大名人"的青睐和鼓励，实在是一种莫大的荣耀。这种荣耀，一方面得益于余老师甘当铺路石、乐做护花人的胸怀和境界，另一方面也得益于自己多年的勤读勤写、执着追求。一个人只要不断地耕耘、不断地求索，总能演绎出许多精彩的故事。

【点　评】

"同读一本书"演讲比赛，许多学校都开展了此类活动。活动中所讲述的"没有故事"的现象，是一个容易忽视的问题。本文抓住这一问题，从两方面进行分析,并结合作者本人的读书经历,阐述了阅读策略,阐释了教师读写的意义。

例三:《我当校长靠"作文"》①

【破　题】

说实在话,我能当上副校长,主要是靠作文。最初我帮学校写总结,帮领导写报告,后来自己写博客、论文,再后来便在报刊上发表文章。当一些报刊陆续登载了我的一些文章后,我便有了一点名气,得了一些小荣誉,于是便当上副校长了。

当校长要想不至于泯然于众人,自然不能仅仅依靠职权来管理,而要用人格来影响,用行为来表达,用作文来培植学校的学术氛围——这是我所追求的一种管理风格。于是,我一边写着我的同步作文(我习惯和学生一起写作文),一边写着我的管理作文,有滋有味地当着副校长。

【做法1:用博客交流】

班主任工作很辛苦,年轻班主任爱生怨气,年老的班主任大多会产生倦怠。于是,我利用博客的形式,和班主任进行交流。(略)

学校实施了教学练三位一体课题实验,但实验伊始,穿新鞋走老路者比比皆是,我便写了一组闲话"教学练"的文章和教师们一起探讨这些方面的问题。(略)

教师们都怕写,总认为无话可说,无事可写。我便把自己对为什么写不出来和如何写出来的感悟形成文章,教师们看了后,一个个都笑眯眯的。

如果你什么也写不出来,那是因为你太忙了。备课忙,上课忙,批阅忙,开会忙,饭局忙,娱乐忙;忙得忘记了自己,忘记了生活,忘记了职业,忘记了你曾经是一个喜欢写点东西的人。

如果你什么也写不出来,那是因为你太闲了。闲得把业余时间都去看电

---

① 载于《中国教育报》。

视、玩游戏、浏览娱乐网页。闲得慵懒地晒着太阳,闲得身子骨有点松散,闲得丧失了斗志和追求。

……

许多教师都说,文章里几乎每一句话都说到了他们的心坎上了,将来要给自己一个写作的硬指标,拟一个读书计划,从学生写起,自然有东西可写了。

写好作文,做好博客,为我做好教学和引领教师搭建了宽阔的平台。

【做法2:让例会成为校本培训】

(略)

【做法3:用作文构建精神家园】

(略)

【收　尾】

把思考变成文字,让大脑深入思考。把思想变成文学,让思想也有文学。用文学的形式来传达思想,交流情感,听众专心而虚心,场面安静而和谐,正所谓润物细无声。

我就这样用作文的方式,做着教师,当着副校长。忙而充实着,累而快乐着。

【点　评】

本文原题为"我做副校靠'作文'",编辑老师将其改为"我当校长靠'作文'"。这一改动,文题更能吸引读者眼球。本文围绕"当校长要想不至于泯然于众人,自然不能仅仅依靠职权来管理,而要用人格来影响,用行为来表达,用作文来培植学校的学术氛围——这是我所追求的一种管理风格"这一论题,引用了大量的教育案例,从三方面阐释了作者的管理主张。我将本文称为"组合拳式"的写作案例,即围绕一个主题,从不同角度选用相关案例,使之形成"组合拳"。这样,思想更具深度,文章更有分量。

如何写好教学案例

教学案例,乃是发生在教学过程中真实而又典型并含有某种冲突的事件。一个教学案例,就是包含有疑难问题的实际情境的描述,并能对其进行深入分析,抑或是结合某个教育概念进行相关阐释。

请看两张导图(如图5-1、图5-2)。它们分别就教学案例和写好案例,做了直观而简洁的表达。

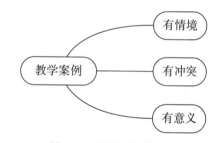

图 5-1 教学案例的特点

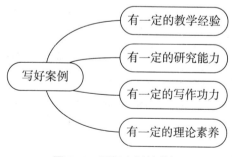

图 5-2 写好案例的前提

例一：《〈荒岛余生〉·批注·个性化阅读》[1]

1.《荒岛余生》教学设计与调控

导入：归属不预制。（略）

阅读：让感动作主。学生阅读本文，主要分为两步：一是"鸟瞰"，快速浏览全文，概述鲁滨孙初登荒岛时的心态变化，整体感知课文，时间2分钟；二是"解剖"，仔细阅读全文，并在行间空处写上自己的真实感受，时间10分钟。在"解剖"环节，我没有布置思考题，让学生保持一种最原始的心态去感受文本，感受人物，批注时真正地让感动作主。

交流：方式大家选。（略）

总结：说想说的话。（略）

作业：列"坏处""好处"。（略）

【点　评】

文章的第一部分，主要是对教学过程的回顾，并作简要分析。

2. 教学反思与个性化阅读

（1）教者先写批注，做个性化阅读的先行使者。（略）

（2）适时点拨升华，是实现个性与共性和谐共生的调和剂。（略）

（3）指导简单的批注方法，是促进个性化阅读健康发展的助力器。

对于不善于做批注的学生来说，经常把文章看了多遍之后仍然不知在课本上写什么，或只是在旁边批上"好"等空洞词句。如能教以方法，则事半功倍。

刚起步时用"勾画法"，将自己喜欢的句子画上波纹线；对于线条清晰的课文，采用"概述法"，或一段一概述，或几段一概述；对于文辞优美的句子，采用"赏析法"，将作者所运用的手法和表达的效果作个性化的赏析……

有"法"可依，批注有话可说；循序渐进，逐步提高阅读能力；多法合用，促进个性化发展。

---

[1] 载于《语文报·教师版》。

要实现个性化阅读，首先要让学生从迷信教师、迷信课辅中走向相信"自我"，自信地"我读文章我做主"；在阅读中批注，在批注中阅读，是通向个性化阅读的一座坚实之桥。

【点　评】

文章的第二部分，主要是对实现个性化阅读的策略探讨，对学生学会阅读批注进行方法指导。

从全文看，本文实际上是以《荒岛余生》教学为例，具体探讨"个性化阅读"和"阅读批注"的教学方法。一则教学案例，最好能表达相对成熟的一种教学方法或教学思考。

例二：《如何写好教学反思》[①]

【破　题】

教学反思写什么？我无法用准确的语言对它进行描述。写教学反思有什么用？我也无法很理性地予以梳理，只觉得在翻阅以前的备课本时，浏览一下日常的教学反思，便勾起一个个小回忆，好像看到了一颗颗珍珠，虽不耀眼但依然光亮。

【论　点】

教学反思为什么会产生这么大的"魔力"？"独上高楼，望断天涯路"，依然无法找到满意的答案；但偶然看到"真、善、美"三字时，突然发现，原来写教学反思，正是在教学生命中对这三个字的孜孜追求。

【案例1】

"随机抽取五名男生到讲台复述，……实在是一次失败！"……教学反思追求的"真"，即真诚、真实。给人评课，总难免带些世故。但写教学反思，给自己评课，则大可不必这样前思后想、怜香惜玉，可以直奔主题，用百分之百的真诚对待自己的课堂教学。

---

① 载于《中国教育报》。

【案例2】

《土地的誓言》教学反思写完了……教学反思追求的"善",是指善良,有善意、有爱心等,是一种人本主义关怀。对我们教师而言,则主要是指高尚的师德、纯洁的师魂。在向善的过程中,教师会积极调整价值取向,不断改变教育观念,努力完善自我人格。

【案例3】

文言文该如何教?……教学反思也追求"唯美",即对教学方法的不断优化,对教学艺术的不断追求。在追求"唯美"的同时,教师积极探寻适合农村中学的语文课堂教学模式,努力形成自己的教学风格,实现了从"搬运工"向研究者的角色转换。

【结　语】

有位教育名家说:"一个教师写一辈子的教案不可能成为名师,如果写三年教育反思能成为教育行家。"坚持写教学反思,我们的教学艺术和教育思想,就能迈向"真、善、美"的更高境界!

【点　评】

本文用三个教学案例,对教学反思的作用及写法进行了探讨,可让读者清晰地认知教学反思。此文发表后,引起了较大的反响,即便在今日,亦有一定的学术价值和实用价值。

例三:《选我所荐,读你所爱
——〈白洋淀纪事〉阅读攻略:选读式》①

【开篇引入】

辽阔的冀中平原,微风拂过,田野里散发着麦子成熟的香气;浩瀚的白洋淀,湖水波动,小渔船轻快地穿梭于芦苇丛间;在层层的麦浪里,在密密的芦花荡中,闪现着抗日军民的身影……这些富有诗意的场景,就来自《白洋

---

① 载于《中国教育报》。

淀纪事》。

——七年级语文教材 P61 "自主阅读推荐"：孙犁《白洋淀纪事》

【第一部分："必选"篇目的五项标准】

……

《白洋淀纪事》一书，我给小读者们推荐的阅读攻略是"选读式"。这是因为该书文章之间关联不大，读者可以取其精要，触类旁通。

选读，分为"必选"和"自选"。其实，"必选"和"自选"之间，并没有不可逾越的鸿沟。所谓的"必选"，也只是教者根据个人的阅读经验和评价标准，人为地稍作区分而已。

我所推荐的"必选"篇目，其标准大体有五项：一是有完整的故事情节，二是有个性鲜明的人物，三是有产生共鸣的情感，四是有跨越时空的思想意义，五是有可供借鉴的写作技法。当然，这五项标准只是相对而言，也并非一篇文章同时具备，只是个人感觉其中的某些方面表现得更加突出一些。

【第二部分："姊妹篇"与其他看点】

我所推荐的"必选"文共 16 篇，约占整本书的三分之一。下面，我简要说说推荐的理由，或者说，简要介绍这些篇目的一些看点。

首先是《荷花淀》与《芦花荡》，教材介绍，这对"姊妹篇"最负盛名。"这两篇小说以白洋淀为背景，讲述了冀中人民英勇抗击日本侵略者的故事，没有正面表现战争的激烈残酷，而是着力写出民族的正气和抗日军民坚毅不屈的精神。"两文的情节和人物都有看点，因为它们是"名篇"，都选入了语文教材。

……

【第三部分：学有余力的选择】

如果读者把上面的这 16 篇必选文阅读完了，大概对于此书的内容、作者的文风，会有一个比较感性的认识。当然，如果读者能进一步阅读一些自选文，甚至完整地阅读所有篇目，这种感性认识必然会得到加强。

……

如果兴趣盎然、学有余力，不妨把冀中平原、白洋淀里的自然景物、风土人情、历史背景等相关句子勾画出来，然后概括一下。通过这样一种横向梳理，我们必然会对冀中平原有一个直接而丰满的认识：那里，是生"我"养"我"的家乡，也是"我"背井离乡的地方；那里，既有如画的荷花淀，更有贫瘠的穷山恶水；那里，既有万恶不赦的敌人，更有视死如归的战友和亲人；那里，既有风雨如晦、出生入死的战斗，更有冲破黑暗、充满乐观的向往……

如何选，如何读，我只是提供一种思路，最终还取决于不同读者的取舍和解读。

【点　评】

整本书阅读，是当下热门中的冷门。说它热，是因为它备受关注；说它冷，是因为许多学校、许多老师不知如何指导学生阅读。本文以《白洋淀纪事》一书为例，对我所提出的"个性化攻略"进行了阐释。此类案例写作，需要教者读懂、读通原著，然后结合自己的理解和学生的学情，给出符合学生年龄特点的阅读方案。

如何写好读书笔记

读书笔记，是指读书时把自己的读书心得写下的记录，或把文中的精彩句段做摘抄，或阅读后为文章或著作写评论等。

通常情况下，读书笔记分为提纲式、摘录式、评论式、心得式、存疑式、简缩式等。

下面，主要就如何写好读后感展开阐释。

一、知识讲解

关键词一：意义。一本书读完后，如果没写上几句，那阅读的感受是零碎的，是朦胧的，是浅尝辄止的。相反，读后若写成一篇文字，把内容梳理了，把感受表达了，我们便会很有底气地说：这本书，我读过了。一些书，读了一遍之后，我们也许还认为"没读懂"，或是"没感觉"，但经过梳理与探究，写着写着，我们便多懂了一些，甚至还可以从中读出一些心得，发现一些问题。

关键词二：通读。写好读后感，"读好"是前提。一本书拿来，我们先别急着读正文，可以先看看序言，看看目录，这样我们对整本书便有了个大体印象，甚至还会产生一些"关注点"，也就是我们很想尽快弄明白的一些问题。然后，我们按照自己的阅读习惯，将该书通读一遍。

关键词三：梳理。读好一本书，少不了梳理。读完后，梳理故事情节、梳理人物轨迹、梳理作者思想等，也包括梳理我们阅读的心路历程。只要第一步的阅读功课做好了，梳理并不困难。梳理的过程，实际上是一种回望的过程、概括的过程、思辨的过程。这一过程既是"我与人物"对话的过程,也是"我与作者"对话的过程,还是"我与自我"对话的过程。

关键词四:聚焦。读好一本书,关键是聚焦。一本书读完,我们"有感"的地方也许会很多,也很零乱。这时,我们就需要"聚焦",也就是把关注点放在某一个人物、某一些场景、某一种现象或某一个问题上。

关键词五:章法。古人作诗,讲究"起承转合"。一篇比较常规的读后感,大体包括"引""议""联""结"四个部分。

引:或引或述,抛出话题。引述的内容,必须"有用",能够"为我所用"。引的语言,力求简明扼要,避免拖泥带水。这便是"起要平直"。

议:评析引述,表明观点。表明观点时,一定要旗帜鲜明,切忌似是而非。这便是"承要舂容"。

联:联系实际,纵横拓展。我们可以联想到历史经验,联结到当前形势,联系到生活实际。"联"的过程,努力做到有理有据,切忌泛泛而谈。这便是"转要变化"。

结:总结全文,深化主题。"结"的语言,应当尽可能地照应所读之书、所感之点、所引之语,并力求收尾有力,画龙点睛。这便是"合要渊永"。

请看下面的导图(如图5-3):

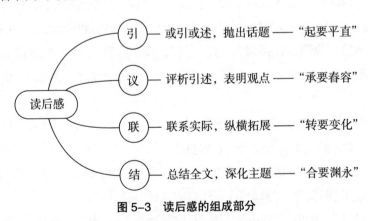

图5-3 读后感的组成部分

一本书的读后感,我们可以这样去"读",这样去"写";一篇文章的读后感,同样也可以如此,而且更容易把握。

二、误点解析

易误点一：读而无感。一些读者阅读时，常常找不到感觉，甚至读完后似乎没留下什么印象。这样就无法写读后感了。其实，我们可以从自我的关注点出发，去做一些勾画和旁批。比如觉得有疑问、有兴趣、有感触、有心动的情节或词句，我们都应在通读时及时地"记录在案"。这便是"不动笔墨不翻书"。这也是一种捕捉灵感的好方法，免得一些"感觉"昙花一现，空留遗憾。

易误点二：写而无点。一些读者一本书读完了，想说的话很多，但又似乎无从写起。其实，我们可以从自己的阅读体验着手。如果说第一步通读是"撒网"，第二步梳理是"收网"，第三步聚焦则是"捉鱼"：捉到我想要的那条鱼，或是那种鱼。也就是说，我们写读后感应当围绕自己最为关注、最有感触、最想表达的一个或几个"点"来构思。这样，就不会无的放矢、无病呻吟了。

易误点三：引而失当。一些读者，常常把写读后感等同于摘抄，或是在读后感中"抄"的语段比"感"的语段还要多。也有的读者，所"引"的内容与后面所"感"的部分，关系不大。关于这一点，我们可以从"关键词五：章法"这一部分看到，我们的一些摘抄——"引"的部分，都是为后面"感"——"议""联""结"服务的。

易误点四：生搬硬套。一些读者一谈起写读后感，就马上想到"引""议""联""结"这四步：他们认为如果不这样写文章，就不符合要求。其实，这是一种教条主义，一种机械主义。须知，文须有法，但无定法。若读得多了，写得顺了，那些"不按套路出牌"的精品会时常有之。

综上所述，一篇好的读后感，"读好"是前提，"有感"是基础，而"有我"是关键：有"我"的看法，有"我"的主张，有"我"的疑惑，有"我"的答案，有"我"的故事，有"我"的启发，等等。

请看下面的导图（如图5-4）：

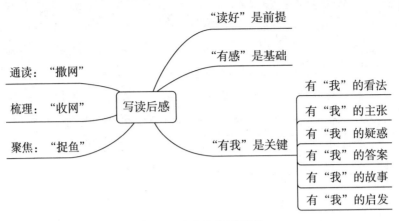

图 5-4 如何写好读后感

三、案例分析

1.《读书至乐在宁静——读张贵勇〈读书成就名师〉》[①]

【引】

《读书成就名师》介绍了程红兵、华应龙、王崧舟、钟志农等 12 位教师通过坚持阅读、反思、实践而成为优秀教师的故事。语文教师于永正规定自己每天读 50 页书，当他从镜子里瞥见鬓角的白发时，依然毫不懈怠……他们的故事对教师的阅读和专业成长都具有引领作用。

【提】

通读全书之后，有一个词语始终萦绕在我的脑海——宁静。所谓"读书至乐在宁静"，正如教师张云鹰说的："在人潮车阵的高效率、快节奏的生活中，唯有阅读能让浮躁的内心归于理性与宁静，找到生命的依托。"从宁静出发，读书带给我们的乐趣更丰富。

【议－联 1】

在宁静中提升素养。（略）

---

① 载于《中国教师报》。

【议-联2】

在宁静中保持理性。直至现在，课改仍是一个雾里看花、争论不休的话题。对教师而言，应当用辩证思维去想问题、做事情。例如，对课改"改"与"不改"的思考。

毋庸置疑，教师的教学观念、学生的学习方式、教学的评价方法等，是必须改的。不能改的则是提高课堂效率、减轻学生负担的教学取向，以及对文本的挖掘和教学风格的塑造。这种"改"与"不改"的辩证思维模式，是每位教师都应该具备的能力，获得这种能力，需要大量的阅读和潜心思考。

【议-联3】

在宁静中执着践行。（略）

【结】

诗云："为了看看太阳，我来到世上，即使天光熄灭，我也仍将歌唱。我要歌颂太阳，直到人生的最后时光……"为了守护心中的太阳，我会在节假日、晚睡前，或阳台或房间或沙发，泡一杯清茶，捧一卷好书，吮吸墨香、品味文字。

也许，我们大多数人无法成为"名师"，但一定可成为"明师"：明白自己的优势与不足，明晰学生的需要与困惑，明确教育的旨归与起点……

【点　评】

本文系相对规范的读后感。我按照"引—提—议—联—结"的结构来谋篇布局。在"议"的环节，和"联"进行了有机结合。但也因为这一结合，使得文章的结构更为紧凑，读来更加亲切。本文还有两个优点：一是以"读书至乐在宁静"为题，从精神层面揭示了读书的好处；二是文章结尾，从"名师"导向"明师"，从而更符合广大教师的追求，因而具有普遍意义。

2.《读很厚的书，写很纯的文——读〈用文字捂暖教育生活〉》[①]

【起】

段伟老师是我很佩服的一个人，尽管未曾谋面。因为网络，更因为文字，

---

① 载于《中国教育报》。

他与我惺惺相惜。自他加盟我所创办的"读写大队"之后，我对他的了解渐渐丰满起来，对他的敬佩之情也与日俱增。

在我印象中，他是一位很高产并有点另类的作者，不时有文章见诸网络与报刊。他所留下足印的，除了《中国教育报》《中国教师报》、中国教育新闻网外，还有《光明日报》《中国青年报》《中国国家地理》等教育之外的媒体。显然，这与他博览群书、用心从教、潜心写作是密不可分的。

【承】

近日，我几乎是争分夺秒地读完了他的新书《用文字捂暖教育生活》。该书的每一篇都技巧圆熟、结构紧致，就连篇名也精心结撰，蕴含深意。书分三辑："读书旅行""生活碎片""杏坛语丝"，共收录了作者80余篇文章。行文清丽淡雅、生趣通透、隽永远眺，无论是对古的缅怀、今的哀憾，还是对美的求索、谬的鞭挞，处处彰显出一位老教师对教育、对生活的思辨。

【转】

在我看来，段伟老师所涉猎的书很"杂"很"厚"，同时也很经典，既有古今中外的文学名著，也有历史、哲学、美学、宗教等书。一个人，假若没有对文学特别的热爱，没有足够的定力，一些大部头是很难读进去的，更别说得其三昧了。正如作者所说的，"经典很难读懂，炼的是耐心，磨的是心性"，但最终"是要敲开门，唤出其中的人来，此人即是你自己"。《要读一些需要"啃"的书》《阅读是种安静的力量》《我阅读和思想的进化史》，光是看看这些文题，即可想象到作者是如何通过"啃读"，让自己"安静"，让自己"进化"的。

作为一名教师，教育经典以及一些教育名家的书，自然也是作者的最爱。比如夸美纽斯的代表作《大教学论》，以及《母育学校》《语言和科学的入门》《世界图解》等。在作者看来，夸美纽斯是一个"孤独的拓荒者"。很有意思的是，引用和化用夸美纽斯的教育名言成了他文字出彩的"通关文牒"。这应当作为啃读教育经典所获得的一个小小回报吧。

读万卷书，行万里路，用在段伟老师的身上是毫不夸张的。（略）

人生的滋味是熬出来的，"生活碎片"这一辑很耐咀嚼。（略）

【合】

"读很厚的书,走很远的路,写很纯的文",其实还可以加上两句,"交很雅的友,做很实的人"。限于篇幅,这里就不再赘言了,也正好留一些空间,让热爱教育和文学的读者,自己去阅读和体会吧。相信读完后,读者的胸怀也会被段伟老师的锦心绣口久久地温暖着。

【点　评】

这是我阅读段伟老师《用文字捂暖教育生活》一书后所写的书评。文章"起"的部分,主要是"评人";"转"的部分,主要是"评书";"合"的部分,补充了一句"交很雅的友,做很实的人",算是一种留白。"评书"部分,笔墨集中在"读很厚的书,走很远的路,写很纯的文"三个方面。脉络清晰,得益于"撒网""收网""捉鱼"阅读三部曲。

如何写好总结报告

当工作进行到一定阶段或告一段落时,我们需要回过头来对所做的工作进行认真分析,归纳出经验、教训,以便进一步做好工作。用文字表达出的经验、教训,就叫作工作总结。当把它以书面或会议的形式,向上级或组织汇报时,它便成为某种报告。

总结报告的写作过程,既是对自身工作的回顾过程,又是思想认识提高的过程。因此,总结报告应具有自我性、回顾性、客观性和经验性。

一份出彩的总结报告,必然会突破某种套路,有个性、抓重点、讲事实、找规律。

某种程度上,好的总结报告,既是"写"出来的,更是"做"出来的。只有把工作做好了,才能把总结写好。这就意味着,事前要做好计划,之后逐步实施,并注意收集材料,及时整理;计划要有目标,实施要勤记录,收集真实案例,整理时找出得失,找出规律。这样写起总结报告来,便几乎是探囊取物、手到擒来(见图5-5)。

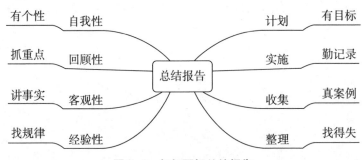

图5-5 如何写好总结报告

例一：《20个百分点是怎样炼成的》[①]

【开　篇】

2013年中考，作为一所农村中学的苦竹中学，246名考生参加考试，过普高线的有188人，过线率76.4%，比全县平均过线率（56.2%）整整高出20个百分点。这种成绩的取得是否偶然？取得的过程是否合乎规范？成绩的背后隐藏着怎样的办学规律？请允许我用微博的形式试图揭开这些谜底。

【第一部分】

在规范中求丰富。（略）

【第二部分】

在责任中求发展。

巡课时，我看到这样一幕：一位副校长在上数学课，我们的正校长则端坐在教室后头。正校长在听副校长的课。大凡一般学校，领导之间相互听课少之又少，而像这样，正校长推门听副校长的课，不是活动，没有陪同，这对双方来说，都是需要勇气的。

巡课中，我们常常看到许多动人的场景：56岁的余老师，戴着老花眼镜，几乎是全天候地坚守岗位，不在教室，就在办公室，不是批阅作业，就是查询资料……

是什么催生了连续九年的"教育质量特别优秀奖"？就是学校每一位教师身上强烈的责任感所凝聚起来的正能量。正是这种责任、这种能量使得学校的教育质量连续十年长盛不衰。

【第三部分】

在研修中求共进。（略）

【第四部分】

在人性中求管理。（略）

【第五部分】

在探寻中求高远。（略）

[①] 收录于《乡村教师突围》一书。

【结　语】

为此，学校应当坚定不移地推行课改。同时，我认为课改中既有需要改的东西，也有不能改的东西。需要改的是教师的教学观念，切实做到以学生的绿色发展为本；需要改的是学生的学习方式，切实让学生自主学习、合作学习乃至探究学习；需要改的是评价方式，既关注结果，更关注过程，既关注知识的学习、能力的提升，更关注学习过程中所呈现出来的态度，以及学生价值观的形成与完善。不能改的，一是对教学目标的达成、教学质量的追求，这种核心价值不能改变；二是对文本的挖掘，对内涵的提升，这种主流意识不能改变；三是教师个体的教学风格不能改变，如果用一种模式、一种风格包揽天下，那是非常可怕的。这需要校长的胸襟，也需要教师的坚守。

【点　评】

这篇总结报告，可谓是不走寻常路。开篇用系列数字，具体说明了当年中考取得的优异成绩，并以设问的方式引出下文。文章的主体部分，从五个方面进行释疑解惑，条理清晰。每个部分，均采用"微博＋概说＋阐述"相结合的方式，由点及面，由表及里，案例具体，说理简洁。结尾则理性地指出如何与时俱进，更上一层楼。这便验证了——好的总结，既是"写"出来的，更是"做"出来的，也是平时工作中"积累"出来的。

例二：《用好乡村文化这个资源》[①]

【开篇破题】

有人的地方，便有德育资源。正如有人说，生活的外延与德育的外延相等。……只要有一双善于发现的眼睛，我们便可以随时随地发掘出有利于学生身心健康成长的德育资源……

【第一部分】

一份网络问卷。

我曾进行过一次关于农村学校德育资源的问卷调查，提出三个问题请老师

---

① 载于《中国德育》。

们参与讨论。我所得到的数十位老师的答案，丰富多彩。

第一个问题，您心目中的农村学校德育资源有哪些？我将获悉的答案，试做如下分类。

（1）学校德育资源、家庭德育资源、社会德育资源。（略）

（2）国家德育资源、地方德育资源、学校德育资源。（略）

（3）自然性德育资源和社会性德育资源。（略）

此外，还有历史性德育资源和现实性德育资源、素材性德育资源和条件性德育资源、现实性德育资源和网络性德育资源等。限于篇幅，不作赘述。

第二个问题，在利用这些德育资源时，您最有心得的是哪几个方面？我援引部分老师的"心得"如下。

（1）心灵驿站。（略）（2）生活实践。（略）（3）学校历史。（略）（4）城镇建设。（略）（5）宗族祠堂。（略）（6）风土人情。（略）

第三个问题，在实施德育过程中，您最富有个性化的看法、经验、感悟有哪些？这里，我也将部分老师的感悟摘录如下。（略）

【第二部分】

一些德育尝试。

教育是一门"做"的学问。只有在"做"中"教"，才是"真教"；在"做"中"育"，才是"真育"。学校的德育工作，就应当始终立足于一个"做"字，在"做"中整合德育资源，在"做"中提高教师的德育素养，在"做"中实现学校的育人目标。

整合资源：计划统筹。（略）

德育主张：学生角度。（略）

……

实地家访：家校桥梁。（略）

书面交流：作文唤醒。（略）

【第三部分】

一些理性思考。

农村学校德育资源丰富多彩，德育实践方法各异，但在整合德育资源、实施德育工作时，我们的目标定位是什么？工作重点是什么？工作难点是什么？

基本策略又是什么?……

目标定位:合格公民。(略)工作重点:培育梦想。(略)

工作难点:走进心灵。(略)基本策略:微型德育。(略)

有利契机:课程改革。(略)德育归旨:文化自觉。(略)

【点　评】

本文系一篇很厚实、接地气的德育报告。"网络问卷""德育尝试""理性思考"三大块,构成了该报告的主体部分;层层深入,系统阐释,很好地论证了"用好乡村文化资源"这个论题。

例三:《书香飘过2013——一位乡村中学教师的阅读报告》[①]

【开　篇】

2012年8月我被调到苦竹中学,作为主管教学工作的副校长,我有幸与大家一起分享了许多快乐。今天,我截取一个侧面,把一年来个人的读书情况和大家作个交流,以共同吮吸书香,为教育教学和自己的成长增添一些正能量。

【归　类】

2013年我读了30多本书,其中一半是购阅,一半是去学校图书室借阅。这几十本书大致可分为5类。(略)

【解说1】

读得比较辛苦的,是关于公民教育的书。(略)

【解说2】

读得很滋润的,是摩西的《读懂唐诗》和余秋雨的《何谓文化》。(略)

【解说3】

读得最有感触的是王丽的《追寻失落的中国教育传统》。(略)

【解说4】

《读书成就名师》让我对读书有了一种更新的认识。(略)

---

① 载于《中国教育报》。

【补　笔】

其实，我一直坚持阅读的是第六类书籍——教育报刊类，比如《中国教育报》《语文教学通讯》《中学语文教学参考》。学校期末检查读书笔记时，看到我厚厚的两个报纸剪贴本上，还勾画着许多红道道时，老师们笑着说："是个真读书的，是个读真书的。"

【结　语】

书香飘过2013，宁静守候2013，收获伴随2013！

【点　评】

本文可谓是"无心插柳柳成荫"。2013年年终述职，作为分管教学工作的副校长，不想重复校长关于教育教学、教研教改方面的做法与成绩的报告，便另辟蹊径，专讲读书。尽管有人说"离题"了，但无论是会场反应，还是报刊发表，都证实了此举的意义所在。该文的行文结构非常清晰：开篇破题—阅读归类—重点解说—补充说明—结语点题。该报告，既有满满收获，亦有真知灼见，作者欣然，受众乐然。

如何写好教育通讯

新闻，也叫消息，是指通过报纸、电台、广播、电视台等媒体传播信息的一种称谓。它是记录社会、传播信息、反映时代的一种文体。

广义的新闻，包括消息、通讯、特写、速写等。狭义的新闻则专指消息。

消息一般包括标题、导语、主体、背景和结语五部分。

写法上主要是叙述，有时兼有描写、评论等。

最常见的通讯包括：人物通讯和事件通讯。它是应用写作的重要文体之一。

例一：《从局长开书单到不必开书单》[①]

【起】

"作为一名教育干部，阅读面一定要广。既要'深挖洞'，又要'广积粮'。像这样的书，我每年都要读三四十本。"这是前些日子，湖北省黄梅县教育局何兰田局长在全县教育后备干部培训会上，语重心长地和70名后备干部交流读书心得时说的一段话。会上，他给大家开出以下书单……

为什么开出以上书单呢？何局长解释说，哲学是一切学科之父，具备了哲学思想，办教育便不会迷茫，便总能抓住核心问题和主要矛盾，从而牵一发而动全身；……局长在主席台上侃侃而谈，与会者一个个全神贯注，认真聆听局长的读书感悟。

【承】

自以为，我也算是一个喜欢读书之人，而且还曾经总结出，作为一名教师

[①] 载于《中国教育报》，2012年9月6日。

应常读四类书……现在听局长这么一说，忽然觉得自己的阅读面还是太窄，至少作为一名教育干部还真需要常读一些文史哲政。这好比一个人，只有多吃五谷杂粮，才能身强体健，才能青春常在。

局长开书单，寄托着殷切期望。如他所说，期待着后备干部们，即将（上岗）的校长、副校长们，能够逐渐具有一种教育家情怀，有大视野，有大境界，能真办教育，办真教育。同时，就我理解，应当还包含其他一些期望……

【转】

当然，我也认为，局长开书单，仅仅是一种外力的作用。这种外力的作用，自然很有限。……也就是说，一个人只有主动地去选书、购书、读书乃至著书，他才算得上是一个真正的读书人。作为一名教育干部（包括后备干部），应当是这样的人。

【合】

要让更多的教育干部，包括更多的普通教师成为这样的人，一方面需要在教育干部的选拔、培养、任用上，形成一种能者上、平者让、庸者下的用人机制；另一方面则需要下真功夫，大力营造家校联读、师生共读、干群比读的读书氛围。那时，局长开书单的作用，便是发挥到极致，或者说，那时便无需让局长劳神开书单了。

【点 评】

本文系一则通讯。原稿题为"局长开书单"。"起"的部分，主要是对事件本身的回顾；"承"的部分，系作者结合自身谈认识；"转"的部分，表达"局长开书单"举措的作用有限性；"合"的部分，则是对"有限性"的一种补充，并巧妙点题、深化主题。篇幅不长，但波澜起伏，并富有卓见。

例二：《乡村校长的雨天》[①]

【会 前】

这是一个寻常的日子。按照通知，这一天将要在油铺小学召开全乡小学教学教研工作会。还不到上午八点，湖北省黄梅县苦竹乡中心学校第一校长计成

[①] 载于《中国教育报》，2016年5月25日。

群便骑着单车赶到校园。

距离开会还有半个小时。计成群径直来到师生住宿楼。这是兴建于1978年的一座老建筑，高三层。多日的雨水，已经让这栋老楼更显憔悴。白色的墙壁上，从楼顶漏下的雨水，浸出了几道黑色的印迹，尤为显眼。计成群习惯性地拿出手机，拍下了照片。上楼看看，"还好，应该没有危险吧。"计成群自言自语。

该校学生食堂与操场相邻的一处斜坡，也是计成群经常关注的处所之一。当他看到那里"谨防山体滑坡"的警示牌时，他自言自语："不错，不错。"

【会　中】

教学教研工作会于八点半按时开始，计成群的发言主题是"把教学质量赢在小学"。此时，瓢泼大雨不期而至。讲完教学质量，他又自然而然地讲到了校园安全，提醒与会校长特别关注校舍安全、交通安全等。

【会　后】

会议结束，时间将近十一点。大雨仍在继续。计成群安排分管安全的李新建主任，一起到小溪、牛牧教学点，趁着下雨实地察看。这一趟，计成群没有骑车，而由李新建开车前往。

雨一直在下。回到中心学校吃完工作餐，稍作休息，计成群又和李新建一起驱车上大古。

大古教学点，是黄梅县最北端的一个教学点，服务附近5个行政村。那里有5个教学班，5位教师，47名学生。那是计成群最为牵挂的一群师生。

从中心学校到大古教学点，山路十八弯，加上大雨倾盆，30里的山路，车子差不多行驶了一个小时。下车后，计、李二人又徒步上山，打伞行走了十多分钟。进入校园，他们直接去察看兴建于上世纪80年代的教学楼是否漏雨，综合楼后面的山体是否有滑坡的可能。当然，他还忘不了与教学点上的5名教师一一聊上几句。这是他的老习惯。

从大古下来，计成群又奔赴乡中心幼儿园，看看墙体裂缝是否有变化；到塔木桥，看看过水桥是否被淹；到柳塘村小学，督促门卫室建设进度……

【夜　晚】

是夜，计成群晚间值班。雨停云开，月亮当空。晚饭后，计成群"和李信步在山边小路，沐浴着春风"，"丈量着脚下的路，心中却屈指算着来工作之地的年头。4年，不长，也不短，聚集的缘分，也该如漫天的星斗，虽不可捉摸，却倍叫人珍惜"。归来，这些句子随着《今晚月色很好》的日志，从牌楼山下上传到 QQ 空间。

【点　评】

本文围绕校园安全这一主题，用白描手法，按时间顺序，写出了"乡村校长的雨天"的工作情形。为写好此文，作者对当事人以及其他同志进行了系列采访，并奔赴油铺小学、大古教学点、塔木桥等地实地察看。也就是说，在"采"与"访"两字上做了大量工作。因而写作起来，要言不烦，画面清晰。结尾部分，则是对白天、对此日情况略作补充，使得内容更加丰满，并富有一种浪漫情怀。

例三：《校长也有教育名言》[①]

【开　篇】

2012 年秋季，刘国平调回湖北省黄冈市黄梅县苦竹乡中学担任校长。在大家看来，这是众望所归。……在这里单说他平日里挂在嘴边的一些"教育名言"。

【名言 1】

"教师的高度决定着学生的高度。"这是刘国平在教师大会上常说的一句话。他认为，教师的思想境界，影响着学生的成长眼界；教师的教学导向，指引着学生的发展方向；教师的准备程度，决定着课堂的精彩程度；教师的专业素养，决定着学生的学科学养。大概也因为这句话，他本人一直以来以做一个"有高度的教师"和一个"有高度的校长"为目标追求。

【名言 2】

"我们当年不都是这样吗？"每逢一些班主任谈起本班学生如何调皮、如何违纪、如何让人头疼时，刘国平便用"我们自己不也是从懵懂、调皮成长过来的吗"之类的话语来宽慰班主任……

【名言 3】

"吃好饭，睡好觉，读好书，就是'三好学生'。"刘国平把朴实、简洁的

---

① 载于《中国教育报》、"学习强国"。

"三好"观作为德育抓手。……

【名言4】

听了一节生物课后，……"学校在哪（儿），教育的根就在哪（儿）。"乡村学校乡村课程，乡村孩子了解家乡，这是刘国平对学校和学生的期待。

【名言5】

"在校当领导，无非'三个一'。"所谓"三个一"，便是带好一门课，值好一天班，做好一个人。……

【名言6】

2017年秋季，刘国平被调整到苦竹乡中心学校第一校长的岗位上，……刘国平便经常和中小学校长、幼儿园园长强调："教育要姓'教'，管理要重'理'。"作为一名校长，要始终坚持教育教学这个中心不动摇，对"非教学"事务，要善于取舍。学校管理，校长要有自己的理念，要建立在理论联系实际基础之上，要善于讲道理，以理服人，要尽可能让更多教职员工理解校长，认同校长的办学理念。

【名言7】

"我有两个名字，一个叫刘国平，一个叫刘校长。"……"一个叫刘国平"，更多的是说做一个"自然人"，要坚守人格与信仰，保持纯洁与尊严；"一个叫刘校长"，更多的是说做一个"职场人"，需要学会调节、学会沟通、学会妥协。同事听了豁然开朗，也就心平气和了。

【结　语】

刘国平的"教育名言"还有许多，比如"心中有数学，生活处处是数学""学校安全，核心是师生的心理安全""学校所有的问题，说到底都是'人'的问题"，等等。而他的"教育名言"，表现了他的气质，也决定了一所乡村学校的品质。

【点　评】

本文从"教育名言"这一角度，对校长的办学思想、工作作风、为人处世等方面进行了梳理，可谓是角度新颖，形象丰满。写好此类文章，需要作者做个有心人，注意观察，勤于记录，并站在一定的理论高度，给予恰当的解说，给人一种思想启迪。

如何写好教研论文

教研论文，是教师在一定的教育理论指导下，有目的、有计划地进行研究，从而使自己在对某种教育现象的探究中，从感性认识上升到理性认识，并写出带有一定的创造性思维、能反映教育活动本质和规律的文章。

从内容来看，教研论文从教育理论、教学改革、教材分析、教学实录、教学心得、试题分析、学生心理、班级管理、学校管理、专业成长、家庭教育等方面着手。

一篇规范的教研论文，包括文题、摘要、关键词、开头、论点、论证、论据、结尾、参考文献、语言等诸多要素。其相关要求，见图5-6。

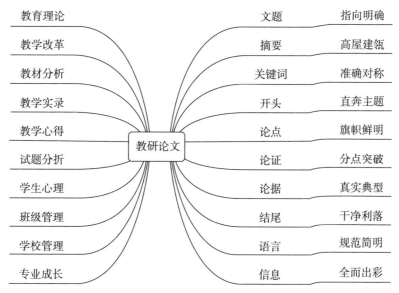

图5-6 教研论文的内容与构成要素

一些情况下,某些报刊(特别是报纸)可能出于版面原因,没有将内容摘要和参考文献列出。但随着学术的日趋规范,摘要、关键词、参考文献已成为教研论文的必备要素。

例一:《阳光·绿色·和谐——一线教师谈中考语文试题》[①]

【开篇破题】

一考牵动万人心。……作为一线语文教师的我们,试图从教师的角度、从学生的角度,解读过去的中考语文试题,给将要参加命题的专家提供一点思考,同时也期盼能给正在指导学生中考复习的教师提供一点借鉴。

【小标题1】

阳光:给予关爱,还以自信。

(内容略)

【小标题2】

绿色:引导读书,促进发展。

一套好的试卷,应该充满绿色,能引导考生不断读书,能促进学生持续发展。"绿色"试题,注重指导考生有效的阅读方法,引导考生养成良好的阅读习惯,引导考生逐渐形成良好的阅读心态,而尽量避免一种急功近利的机械记忆性考查。如2005年宜昌市课改实验区试题,第二大题:

认真阅读下面几段材料,然后答题。(本题共6题,计14分)

材料1:舒婷的《民食天地》

材料2:汪国真的《希望你活得潇洒》

材料3:金庸的《笑傲江湖》

材料4:刘征的《我的爱好》

四个阅读材料,分别为四个小片段,计字不过400(文略),但从不同角度进行了考察。(内容略)

宜昌卷这种考察方式,与那种"根据你掌握的文学知识,在表格中的空白

---

① 载于《语文教学通讯·初中刊》。

处填入恰当的内容"（作品、作者、主要人物）的考察方式相比，自然更能"综合考察学生阅读过程中的感受、体验、理解和价值取向，考察其阅读的兴趣、方法和习惯以及阅读材料的选择和阅读量"。

【小标题3】

和谐：如乐之和，无所不谐。

试题与教材的和谐。（略）

试题与时代的和谐。（略）

试题与地域的和谐。（略）

【结语补笔】

此外，好的试卷无论是文本还是题干，都必然是文从字顺，简洁优美，避免歧义，保持着一种轻盈透明的明快和谐；在试题与试题之间，积累运用、阅读欣赏等均应由浅入深，由易到难，由单一到综合，保持着一种分级分层的动态和谐；在试题与考生之间，反映着符合年龄特征、符合实际水准的务实思想，诠释着"语文即生活，生活即语文"的"大语文"观念，表达着阳光、绿色的人文主义关怀，保持着一种服务至上的主体和谐等。

【点　评】

本文系一篇关于中考试题研究的论文。为了写好本文，作者浏览了当年全国各地数十套中考语文试卷。试卷风格各不相同，但作者试图在"不同"中寻找出"相同"的元素。于是，便从"阳光·绿色·和谐"三个关键词切入，写成了此文。文章主旨，在"结语补笔"进一步深化。

这样的浏览、研究、写作，可以从相对宏观的角度，来更新自己的教育教学观念，来把握中考试题命题走向，以此来提升自己的教学实效。

例二：《师生双重视角下的"整本书阅读"个性化攻略例谈
　　　——以统编本七年级名著导读为例》[1]

【内容提要】

名著阅读，需要站在教师和学生的双重视角下来推动。教师视角包括课程

---

[1] 《黄冈师范学院学报》原载，《初中语文教与学》转载。

视角、素养视角、减负视角、适度视角和共鸣视角等五种。学生视角包括童心视角、差序视角、多元视角、有用视角和简化视角等五种。双重视角下的"整本书阅读",可以采用个性化攻略,比如搭桥式、跳读式、对话式、倾听式等。

【关键词】

整本书阅读　国家意志　学生视角　教师视角　个性化攻略

名著阅读,利国利民;名著阅读,时不待我。但本文阐述的重点,并非一味强调名著阅读的重要性和必要性,而是尝试从实际操作层面,对教师和学生双重视角下的整本书阅读进行简要分析。这样分析的目的,是为了名著阅读在中小学校能广泛持续地落地生根、开花结果,更是让更多的中小学生在名著阅读的过程中提高效率,获得益处,得到精神的滋补和情操的陶冶。

【小标题1】

教师视角下的名著阅读。

(1)课程视角。(内容略)

(2)素养视角。(内容略)

(3)减负视角。(内容略)

(4)适度视角。(内容略)

(5)共鸣视角。(内容略)

【小标题2】

学生视角下的名著阅读。

(1)童心视角。(内容略)

(2)差序视角。(内容略)

(3)多元视角。(内容略)

(4)有用视角。(内容略)

(5)简化视角。(内容略)

【小标题3】

整本书阅读个性化攻略。

(1)七年级名著阅读个性化攻略。(内容略)

(2)案例1:写给《猎人笔记》里的人们(摘选)——初中名著阅读个性化攻略之对话式。(内容略)

（3）案例2：用心倾听英雄话语，深刻感受"红岩精神"（摘选）——初中名著阅读个性化攻略之倾听式。（内容略）

【参考文献】

内容略。

【点　评】

本文旨在比较全面地展示当前学术期刊上发表的文章全貌。"内容提要"，需要站在全文的角度，高屋建瓴、简明扼要地概述文章的主要观点；"关键词"，需采用能覆盖论文主要内容的通用技术词条；"参考文献"，系文章或著作等写作过程中参考过的文献，标注时需遵循一定的格式。